KB132006

〈인사하는 드가〉 캔버스에 유채, 92.1×69cm, 1863년경, 굴벤키안미술관, 리스본
예술가처럼 보이지 않는 예술가. 드가가 우울하고 생각에 잠긴 모습이었다는 기록이 많은데
그러한 증언에 그의 신사적 품위와 감각을 보탠 작품이다. 이 무렵 그를 마치 중세의 성직자처
럼 엄숙한 모습으로 찍은 사진이 있는데, 드가가 그 사진을 참조하여 이 그림을 그린 것으로
추정된다.

〈오페라극장의 발레〉 모노타이프에 파스텔, 35.9×71.9cm, 1877, 시카고미술연구소, 시카고
드가는 '발레리나의 화가'라고 불릴 만큼 발레를 소재로 한 그림을 많이 그렸다. 드가가 발레
를 본격적으로 그리기 시작한 것은 1870년부터로, 그는 유화 외에 파스텔, 모노타이프, 에칭
등 다양한 기법을 활용해 작품을 완성했다. 그가 언제부터 오페라가르니에에 드나들었는지

알 수는 없으나 그의 발레 그림들이 인기를 얻으면서 그곳의 무대 뒤쪽과 연습실 등을 자유롭게 출입할 수 있는 상급 연간 회원의 혜택을 누리기도 했다. 현재 그의 발레 작품들은 1500점 가량 남아 있는데, 무대 위 발레리나들의 모습을 그린 것도 있지만 대부분은 발레 수업 장면을 나타낸 것이다.

드가를 낳은 파리

19세기에 오스만 남작이 주도한 급진적인 도시 계획은 파리의 모습을 완전히 바꾸어놓았다. 파리는 대로를 축으로 정비되었고, 철도망이 갖춰지면서 시민들은 교외로 나가 풍광을 즐겼다. 시인이자 평론가인 샤를 보들레르는 이 시대가 과거와는 완전히 다른 시대라는 점을 강조하며, 현대 도시의 현란하고도 피상적인 이미지에 매혹된 '플라뇌르'를 예술가의 표본으로 제시했다. 인상주의 예술가 중에서도 드가는 그러한 이미지에 가장 잘 부합했다. 그는 파리 시내를 산책하며 달라진 도시의 이면을 예리하게 파고들었고 그 과정에서 작품의 영감을 얻었다.

❶ 루브르박물관
과거 예술의 무덤이자 새로운 예술의 자양분

인상주의를 비롯한 19세기의 예술 사조는 과거를 과격하게 부정한 것처럼 보이지만, 실제로는 루브르의 옛 작품들을 바탕으로 나아갈 길을 모색했다. 젊은 시절의 드가 또한 이곳을 드나들며 옛 거장들의 작품을 모사했고 그러던 중 에두아르 마네를 만나면서 새로운 예술을 선보이기 시작했다.

❷ 빅토르 마세 거리
창작의 산실

드가는 1859년부터 1872년까지 빅토르 마세 거리 13번지에 머물며 여러 작품을 완성했는데 〈벨렐리 가족〉〈오페라극장의 오케스트라〉 등이 이곳에서 탄생했다. 거처를 전전하던 그는 1897년에 이 거리 37번지에 작업실 겸 아파트를 마련해 20년 넘게 살면서 누드화를 그리곤 했다.

❸ 콩코르드광장
대도시의 차가움이 스며 있는 곳

샹젤리제 거리와 튀일리정원 사이에 펼쳐져 있는 광장으로, 사방이 트여 있어 파리 시내 볼거리를 한눈에 감상할 수 있다. 감각을 탐하며 도시를 집어삼킬 듯이 돌아다녔던 드가였기에 이곳 역시 자주 산책했을 것이다. 그는 이곳을 배경으로 대도시의 냉랭함을 보여준 〈콩코르드광장, 르피크 자작과 딸들〉을 그리기도 했다.

❹ 피갈광장
예술가들의 집결지이자 인상주의의 탄생지

예술가들이 몽마르트르에 모여들면서 그 왼쪽에 자리한 피갈광장 일대는 독특한 분위기를 자아내는 곳으로 이름을 떨치기 시작했다. 그들은 피갈광장에 위치한 카페 게르부아, 누벨 아텐 등에 모여 예술과 사회를 논하고 활로를 모색했다. 그러다가 카페 게르부아를 중심으로 활동했던 드가, 모네 등이 인상주의를 탄생시켰다.

❺ 오르세미술관
인상주의의 요람

인상주의 예술가들은 자신들의 작품이 루브르에 걸리는 날을 꿈꾸었지만, 현재 인상주의 작품들은 오르세미술관에 걸려 있다. 드가의 대표작인 〈바빌론을 건설하는 세미라미스〉〈오를레앙의 비극〉〈압생트를 마시는 사람〉을 비롯한 회화 작품과 데생, 그리고 〈열네 살의 어린 발레리나〉와 같은 조각품 등이 이곳에 소장되어 있다.

❻ 불로뉴 숲
경마를 주제로 한 작품의 배경지

19세기에 나폴레옹 3세의 명으로 불로뉴 숲 안에 대규모 관중석을 갖춘 경마장이 들어서게 되었다. 황제의 전폭적인 지지하에 경마는 파리지앵에게 주요 볼거리로 자리 잡아갔다. 드가는 친구인 폴 발팽송 집안이 소유한 별장을 드나들며 경마장 풍경을 캔버스에 담아냈다.

❼ 오페라가르니에
움직임을 향한 분투가 엿보이는 곳

19세기에 발레는 대도시가 시민들에게 제공한 여흥 가운데 하나였는데, 발레에 매료된 드가는 오페라가르니에를 자주 찾아 발레리나들이 자연스럽게 표출하는 자세나 동작을 그리곤 했다. 〈에투알〉〈발레 수업〉 등을 통해 알 수 있듯이, 발레리나의 아름다움과 경쾌한 움직임을 좇는 시선이 드가를 통해 절묘하게 결합했다.

❽ 드가의 묘
드가의 그림자가 아로새겨진 곳

1917년, 폐충혈로 세상을 떠난 드가는 몽마르트르 공동묘지에 자리한 가족묘에 묻혔다. 묘비에는 드가가 집안을 대표하는 인물이기에 그의 얼굴이 부조로 붙어 있다. 파리 어느 곳에도 자신의 분명한 자취를 남기지 않은 드가의 유일한 흔적이 남아 있는 곳이라 할 수 있다.

일러두기

— 미술, 영화 등의 작품명은 홑화살괄호(〈 〉), 신문, 잡지, 카탈로그는 겹화살괄호(《 》), 단편
소설, 칼럼은 홑낫표(「 」), 단행본, 장편소설, 희곡집은 겹낫표 (『 』)로 표기했다.
— 미술 작품의 크기는 세로×가로 순으로 표기했다. 드가의 작품인 경우, 화가의 이름을 따로
밝히지 않았다.
— 외래어 표기는 국립국어원의 외래어표기법을 따랐으나 통용되는 일부 표기는 허용했다.

드가

×

이연식

일상의 아름다움을 찾아낸 파리의 관찰자

arte

파리 시내를 산책하는 드가

독일의 미학자이자 평론가인 발터 베냐민은 플라뇌르의 진정한 거처를 '거리'라고 했다. 드가
는 파리를 배회하는 플라뇌르였다. 플라뇌르는 도시를 구경하면서 돌아다니는 사람이다. 구
경하는 것과 돌아다니는 것 중에서도 돌아다니는 것이 더 중요하다. 드가는 나이 들어 눈이
잘 보이지 않게 된 뒤로도 비척거리며 파리를 정처 없이 돌아다녔다.

CONTENTS

"우아한 아름다움은
평범함 속에 있다"

끊임없이 움직이고 바뀌는 세계를 붙잡다

어릴 적 우리 집에는 서양예술가들의 회화와 조각을 담은 화집 전집이 있었다. 거기에는 알쏭달쏭한 추상화부터 악몽을 표현한 듯한 초현실주의 회화, 편안한 인상주의, 극적인 낭만주의, 고루해 보이면서도 근엄한 고전주의까지, 온갖 사조의 대표적인 예술가들이 담겨 있었다. 지금과 달리 외국으로 나가기 어려웠던 시절인 데다가 인터넷으로 작품들을 쉽게 볼 수도 없었다. 화집에 실린 그림들은 색의 채도가 떨어졌고 선명하지도 않은 편이었지만 그 시절의 기준으로는 제법 괜찮았다. 그 화집들을 학창 시절 내내 들여다보았고, 이것이 결국 미술에 대한 내 감수성의 큰 부분을 차지했다. 시간이 지나면서 화집에서 자주 들여다보는 예술가들, 마음에 드는 작품들도 조금씩 달라졌는데, 그중에서 갈수록 눈길을 끄는 예술가가 바로 에드가르 드가였다.

드가는 특정 사조로 묶을 수 없을 듯한 예술가였다. 그를 인상주의 예술가로 분류한다는 것은 화집에 실린 해설을 보고야 알 수 있었다. 미술사의 판에 박힌 분류 기준 안에서 그는 뭔가 기이한 모습으로 부유하는 존재였다. 앞선 세대의 예술가들처럼 인물과 장면을 실감 나게 그리는 타입도 아니었고, 뒤따르는 세대의 예술가들처럼 전복적인 아이디어를 내놓은 사람도 아니었다. 그럼에도 그의 그림은 매혹적이었다.

미술사는 19세기의 주류를 인상주의로 규정해버렸다. 드가는 그 시대 한복판을 관통하면서 인상주의라는 외피를 뒤집어쓰기는 했지만 정작 그는 인상주의의 본류에서 벗어난다. 인상주의 화가라면 밖으로 돌아다니며 이젤을 세우고 시시각각으로 변하는 풍광을 좇아 붓질하는 모습을 떠올리기 쉽다. 19세기 프랑스에서는 바르비종파(19세기 무렵 프랑스 파리 교외의 바르비종이라는 마을을 중심으로 농촌 풍경과 농민들의 생활 모습 등을 서정적으로 그렸던 유파)의 화가들, 귀스타브 쿠르베를 거쳐 인상주의에 이르면서 소위 자연주의가 시대 전체를 아우른 것처럼 보인다. 인상주의 예술가들이 풍경을 주된 주제로 삼고, 폴 고갱이나 빈센트 반 고흐도 도시에서 벗어나 전원이나 심지어 먼 이국으로 가서 예술의 주제를 찾았기에, 인위적이고 타산적인 도시가 아니라 원초적인 그리움, 과거로의 회귀 본능을 자극하는 것을 예술의 절대적인 주제인 것처럼 여기게 되었다.

하지만 드가는 그런 예술가들과 달랐다. 그는 자연에서 별다른 감흥을 느끼지 못했다. 오히려 그의 시선은 온갖 모순과 악덕의 근원이라 할 수 있는 도시를 향했다. 사람과 현실에 관심이 많았던 그는 노동하는 여성을 그렸고, 공연하는 사람들을 그렸다. 클로드 모네와 알프레드 시슬레가 햇빛을 받은 수목과 강물을 그릴 때, 드가는 인공조명을 받으며 움직이는 발레리나와 가수를 그렸다. 드가는 여러 가지 주제를 다루었지만, 그의 작품들에는 어떤 방향성이 있었다. 그는 인상주의에 속했지만, 풍경이 아니라 인물을 그렸다. 경마와 발레를 그린 그림에서는 인물의 순간적인 동작, 역동적인 모습을 묘사했다. 그의 목표는 단순해 보였다. 끊임없이 움직이고 바뀌는 세계의 모습을 붙잡는 것.

나는 한때 스케치북을 들고 다니면서 주변 사람들의 모습을 그리는 데 몰두했다. 그것이 화가의 길이라고 생각했기 때문이다. 솜씨가 제법 좋다는 평을 받기는 했지만, 사람들의 모습을 담으려 애쓸수록 해결되지 않는 문제가 불거졌다. '어떻게 느린 손으로 빠른 세계를 그릴 것인가'에 대한 고민이 깊어졌다. 손놀림을 아무리 연습해도 어느 정도 지점에 도달했을 때 더는 빨라지지 않았다. 게다가 그들의 모습을 최대한 담으려 해도 사람들은, 주변 세상은 움직인다. 손은 움직임을 순간적으로 붙잡지 못한다. 모델에게 움직이지 말아달라고 부탁할 수도 있었지만, 이는 결코 자연스러운 것이 아니었다. 세상은 화가의 느린 손이 자신을 붙잡을 때까지 기다려주지 않는다. 그러니까 화가는 인위적으로 조성한 환경, 연출한 장면을 그릴 수 있을 뿐, 자연을 있는 그대로 담을 수 없다. 대체 누가 언제부터, 화가가 자연을 '포착'한다는 신화를 만들어왔던 것일까?

드가는 예리하고도 준엄하게 순간을 포착했다. 아니, 엄밀히 말하자면 순간을 포착하려 했다. 화가들은 누구나 순간을 포착하려 했다. 하지만 순간은 순간이고, 그림을 그리는 행위는 순간에 담기지 못한다. 바로 여기서 괴리가 생긴다. 화가는 연필이나 붓을 들고 대상을 바라보며 그린다. 심지어 대상을 바라보는 순간과 연필이 종이에 처음 닿는 순간 사이에도 괴리가 생긴다. 르네상스 이래 화가들은 화면에 인물과 세계를 실감 나게, 마치 창으로 바라보는 세상처럼 연출하는 데 성공했지만, 여전히 눈은 바깥세상보다 느리고, 손은 그런 눈보다 느리다.

이는 근본적인 난제였다. 이 괴리를 어떻게 다루느냐에 따라 화가들의 노선이 결정되었다. 많은 예술가가 이 문제를 회피한 것과 달리 드가는 괴리와 대면했다. 그는 속도에 대해, 본다는 것에 대해, 진실에 대해 근본적인 의문을 품고 맞섰다. 그림을 그린다는 가장 원초적인 형식에 대해 가장 본원적인 사유를 했다. 이런 과정에서 그는 예술의 진실을 통찰했다. 예술은 실은 속임수라는 것을, 세계

〈에투알〉 파스텔, 58.4×42cm, 1876년경, 오르세미술관, 파리
무대 위의 발레리나를 묘사한 작품으로, 에투알은 프랑스어로 프리마돈나 또는 프리마 발레리나를 뜻한다. 이 그림에서 눈에 띄는 점은 드가가 정면이 아닌 위에서 발레리나를 내려다보는 듯이 연출했다는 것과 그녀 뒤쪽에 정체 모를 남자의 존재를 그려 넣었다는 것이다. 드가는 파스텔을 써서 몽환적인 분위기를 조성하면서도 당시 타락한 파리 발레계의 모습을 적나라하게 보여줌으로써 충격을 배가하는 효과를 만들어냈다. 20세기 전까지만 하더라도 발레리나들은 최하층 계급 출신이 대부분이었기에 이들은 부유한 후원자와의 은밀한 만남을 통해 생계를 이어나갔다.

를 있는 그대로 잡아내는 것이 아니라 그런 '느낌'만을 준다는 것을.

예술은 일종의 책략이다. 말하자면 기만적인 세계이다. 자연스러운 느낌을 주려면 거짓된 수단을 동원해야 하지만, 무엇보다도 진실한 것처럼 보여야 한다.

물론 사진이 나오면서부터 상황이 바뀌었다. 사진이 등장한 이후로 미술은 외부 세계를 따라가기를 포기하고 내부의 논리에 갇혀 뒤틀리기 시작했다. 철도와 자동차, 인터넷을 비롯하여 인간이 구축한 문명의 속도가 더 빨리지는 오늘날, 느린 지각과 빠른 세계의 괴리는 여전히 해결되지 않은 문제이다.

파리의 예술가

30대 후반의 드가가 오랜 친구인 앙리 루아르에게 보낸 편지를 보면 이런 말이 나온다. "나는 질서를 갈망하고 있다네." 이 말에 담긴 의미는 무엇일까?
일반적으로 예술가라고 하면 몇 가지 이미지가 떠오른다. 격정적이고 충동적이고 대책이 없고 이글거리는 눈길로 캔버스를 노려보다가 마치 칼이나 도끼로 내려찍듯이 붓질을 하는 모습이다. 자신도 어디서 왔는지 알지 못하고 제어하지도 못하고 놓여나지도 못하는 힘에 휘말린 존재.

하지만 드가는 그렇지 않았다. 그는 열정을 중요하게 여기지 않았다. 자신의 감각에 의지하여 그렸던 모네와 달리 드가는 체계적이고 논리적이었다. 그는 주의 깊게 계산된 구도 속에 철저히 의식적으로 인물과 사물을 배치했다.

드가는 역설적인 예술가이다. 인상주의 그룹의 핵심이었지만 가장 인상주의적이지 않은 그림을 그렸다. 혁신의 편에 있으면서도 전통적이었고, 전통을 존중하면서도 전통과 갈등을 빚었다. 체제에 순응하면서도 체제에서 벗어나 있었다. 체계적이고 논리적이면서도 본능적이고 직관적이었다. 드가는 루브르에서 공부했으나 오르세에 틀어 앉았고 몽마르트르 공동묘지에 묻혔다. 그는 전통적이면서도 새롭다. 그가 살았던 파리도 그렇다.

파리라는 도시와 연결할 수 있는 예술가라면 수많은 이름을 들수 있다. 하지만 파리를 대표하려면 단지 화폭에 파리의 모습을 담아내는 것만이 아니라 기술의 발전과 사회체제의 변화 속에서 달라지는 시선을, 도시와 문명을 바라보는 새로운 시각을 지닌 예술가여야 한다.

그렇다면 누가 파리를 대표할 수 있을까? 한 예술가를 통해 파리를 바라보자면 그 한 사람은 누구여야 할까? 파리는 혁신의 도시이면서도 보수적인 전통이 강고한 도시이다. 그런 파리를 대표하는 예술가라면 미래를 향해 가벼이 날아가는 사람이어서는 곤란하다. 물론 그도 '파리지앵'이겠지만 파리의 너무 많은 부분이 그의 발걸음 뒤편으로 흩어져버릴 것이다.

파리의 화가라는 지위를 놓고 보자면, 드가는 다채롭고 입체적이라는 점에서 귀스타브 카유보트보다 낫고, 더 차분하고 면밀하며 전통을 존중한다는 점에서 에두아르 마네보다 낫다. 드가의 그림은 얼핏 냉담해 보이지만 미묘한 심리적 장치가 촘촘하게 담겨 있어 유머러스하고 신랄하다. 그는 지난날의 풍속화를 계승하면서도 동시에 냉담하고 고독한 현대 도시의 감성을 예리하게 포착했다.

이 점에서 드가는 여타 예술가들을 뛰어넘는다. 많은 화가와 사진가가 파리를 담은 이미지는 진한 회고에 젖어 있다. 과거의 한때, 이제는 돌이킬 수 없는 파리를 보여준다. 하지만 드가가 그림에 담은 파리는 보는 이와 함께 움직이며 명멸한다. 드가는 파리라는 현대적인 도시를 바라보는 '시선'을 보여준다.

드가의 주요 활동 무대였던 피갈광장

파리 9구와 19구 사이에 있는 곳으로, 1860년에 몽마르트르가 파리에 편입되면서 그 왼편에 자리한 피갈광장 일대가 파리 최고의 번화가로 부상했다. 지금도 운영 중인 물랭루주가 문을 연 것도 그즈음이었다. 피갈광장을 중심으로 카페들이 하나둘 들어서면서 문인들과 화가들이 모이기 시작했고, 드가 역시 이곳에 있던 누벨 아텐을 드나들며 당시의 파리 풍경을 그리곤 했다. 현재 몽마르트르 골목골목마다 드가를 비롯한 19세기 예술가들의 흔적이 서려 있는 것은 물론 현대 작가들의 조각품, 그래피티 등이 있어 미술관을 관람하는 듯한 기분으로 둘러볼 수 있다.

데생을 사랑한 예술가

드가의 묘가 가리키는 것

드가는 데생을 사랑했다. 너무 사랑한 나머지 이런 말을 남겼다. "그저 내 묘비명에 한 줄만 넣어주게나. 그는 데생을 사랑했다고."

나는 드가의 그 말을 확인하기 위해 몽마르트르에 있는 그의 묘를 찾아갔다. 프랑스의 작곡가 엑토르 베를리오즈와, 캉캉의 창시자로서 '라 굴뤼'라는 별명을 지녔던 물랭루주의 댄서 루이즈 베베르 그리고 자신을 '밀라노 사람 아리고 베일레'라고 쓰도록 했던 스탕달의 묘를 지나서 드가의 묘 앞에 섰다. 그런데 "데생을 사랑했다" 같은 글귀는 보이지 않았다. 묘의 앞뒤를 몇 번씩 확인했지만, 어디에도 없었다. 나중에야 나는 드가의 말을 잘못 기억하고 있다는 걸 깨달았다. 사실 그는 "그저 내 무덤 앞에서 이렇게 한마디만 해주게나. 그는 데생을 사랑했다고"라고 말했다. 묘를 만들 사람에게 한 말이 아니라, 묘를 찾아올 사람에게 남긴 말이었다.

또 한 가지, 드가의 묘 앞에서 나를 당혹스럽게 만든 것은 거기에 새겨진 이름이었다. 가스 가족Famille de Gas 이라고 새겨져 있을 뿐 'Degas'라는 글자는 보이지 않았다. 그의 집안을 대표하듯 드가의 얼굴 부조가 있었고 그 옆에 'Degas'라고 새겨져 있었지만, 정작 묘의 주인은 'de Gas'였다. 드가의 집안사람들을 모두 'Famille de Degas'라고 표기할 수는 없는 노릇이기에 어쩌면 당연한지도 모르겠다. 결혼도 하지 않고 아이도 없어서 'Degas'를 이은 사람이 없기에 어쩔 수 없었으리라. '드가의 흔적은 파리의 공기 속에 흩어져 있으니 의지할 것이라고는 무덤뿐이지만, 이곳에서조차 드가의 이름은 온전하게 자리 잡지 못하고 있구나. 이름조차 땅을 딛고 있지 못하는구나'라는 생각이 들었다.

무덤 앞에는 이곳을 찾아온 이들이 하나씩 얹어 올린 조그마한 돌 더미들이 있었다. 그뿐 아니라 쪽지도 걸려 있었는데, 그중에서 'You were always my favorite'라고 쓰인 것에 눈길이 갔다. 이 쪽지는 비라도 오면 젖어 떨어질 테고 바람이라도 세게 불면 날아가버리겠지만, 이곳을 방문한 이라면 무엇이라도 하지 않고서는 쉽사리 발길을 옮기지 못할 것이다.

일레르 제르맹 에드가르 드가Hilaire Germain Edgar Degas. 드가의 본명이다. 일레르는 조부의 이름을 딴 것이고, 제르맹은 외조부의 이름에서 가져온 것이다. 드가의 할아버지인 일레르 드가는 애초에 프랑스 남부에 있는 랑그도크에 살면서 곡물을 매매했는데, 프랑스혁명이 한창이던 1793년에 누군가가 그에게 반혁명분자로 몰렸으니 도망치라고 귀띔해주자 이탈리아로 건너갔다. 대혁명 때는 별것도 아닌

드가의 묘

클리시 대로에 있는 블랑슈역에서 내려 물랭루주 방면으로 난 큰길을 따라가다 보면 몽마르트르 공동묘지가 있다. 이곳 4구역 13번에 드가의 가족묘가 자리 잡고 있다. 드가의 묘는 몽마르트르의 수많은 묘 사이에서도 유독 쓸쓸하고 우울한 느낌을 준다. 그의 현란하고 명철한 작품과 대비되기 때문이리라. 하지만 드가의 묘에는 방문자의 흔적이 은근히 많다. 쪽지가 걸려 있고 꽃다발이 놓여 있으며 심지어 작은 돌덩이들이 쌓아 올려 있다. 방문자들은 이곳에 잠든 드가에게 무언가를 말하고 전하고 싶어 못내 아쉬워하며 발길을 돌렸으리라.

이유로 '혁명의 적'으로 지목되어 단두대로 끌려가는 경우가 많았다. 그가 고향에 남아 있었다면 처형되었을지, 아니면 애초에 별일 아니었던 것인지 지금으로서는 알 수 없다. 어찌 되었든 결과적으로 일레르는 고향을 떠나 나폴리에 은행을 차린 덕분에 부자가 되었다. 그의 아들 오귀스트는 은행의 파리 지점장으로 일하다가 1832년에 프랑스계 미국인인 셀레스틴과 결혼했다. 그녀의 아버지 제르맹은 미국 뉴올리언스에서 목화 사업으로 큰돈을 벌었다.

드가의 부모는 일곱 명의 아이를 얻었는데, 그중에서 다섯 명이 살아남았다. 드가는 1834년 7월 19일, 파리의 생조르주 거리 8번지에서 맏이로 태어났다. 그의 아래로 남동생과 여동생이 각각 두 명씩 있었다. 어머니는 1847년에 막내 아이를 낳다가 아이와 함께 세상을 떠났는데, 아버지는 재혼하지 않은 채 아이들을 키웠다. 흔히 드가가 평생 여성과 적극적으로 사귀지도 않고 결혼도 하지 않은 것이 어머니 때문이라고 한다. 어머니가 삼촌과 은밀한 관계였고, 어린 드가가 이를 목격했다는 말도 있다. 드가가 어머니에 대해 아무런 언급을 하지 않은 것도 의혹을 키웠다. 그가 곧잘 드러냈던 아버지를 향한 존경과 애정 역시 어머니에 대한 반감에서 비롯되었다는 것이다. 하지만 모두 풍문일 뿐이고 신뢰할 만한 기록 또한 남아 있지 않다.

어머니를 일찍 여읜 드가는 아버지와 할아버지의 영향을 받으며 자랐다. 음악과 미술을 좋아했던 아버지는 어린 드가를 데리고 미술품 수집가들을 만나러 다녔다. 드가는 아버지의 천품을 물려받은 듯하다. 아버지는 장남인 그가 화가의 길을 걷겠다고 했을 때도 크

드가의 부모

드가의 아버지는 어린 드가를 데리고 루브르박물관을 자주 방문했는데 그 덕분에 드가는 이른 나이부터 거장들의 작품에 친숙해졌다. 더군다나 아버지가 은행을 운영한 덕에 그는 유복한 환경에서 유년기를 보낼 수 있었다. 어머니에 대한 드가의 기록은 찾아보기 어려워 많은 추측을 낳았지만, 그 어느 것도 뚜렷하게 밝혀진 것은 없다.

게 반대하지 않았고, 그가 초년에 예술가로서 별 성과를 거두지 못했을 때도 느긋하게 기다려주었다. 그러나 이런 아버지의 성향은 나중에 여실히 드러났지만, 사업에는 맞지 않았다.

한편 드가의 아버지 오귀스트는 자신의 성을 '드 가스De Gas'라고 썼다. 프랑스 인명에서 'de'는 귀족 출신임을 드러내는 것이므로 이로써 그가 귀족 혈통임을 보이려 했음을 알 수 있다. 드가 집안은 실제로는 귀족과 관계가 없었으며 훗날 드가는 자신의 이름에서 귀족의 색깔을 빼 'Degas'라고 썼다. 반대로 그와 동시대 문인 발자크는 귀족인 것처럼 보이기 위해 자기 이름에 'de'를 넣어서 '오노레 드 발자크'라고 썼다.

드가는 어떤 점에서는 귀족적이었고 또 어떤 점에서는 부르주아적이었다. 경제적으로 아쉬울 것 없이 자라서인지 계급적인 상승 욕구가 별로 없었고 그에게는 여기서 생겨난 초연한 분위기가 있었다. 후에 모네나 피에르 오귀스트 르누아르 같은 이들이 관립 전시회, 즉 살롱에 열심히 출품하면서 어떻게든 제도권에서 인정을 받으려 했던 것과는 다른 결이었다.

루이르그랑

파리 5구와 6구 사이에 자리하고 있는 대학가를 카르티에라탱(라틴지구)이라 하는데, 프랑스 혁명 발발 전까지는 학교에서 라틴어로 수업을 진행했기 때문에 이런 별명이 붙었다. 이 지구 중심에 1845년부터 1853년까지 드가가 다녔던 루이르그랑이 자리 잡고 있다. 이곳에서 드가는 폴 발팽송, 앙리 루아르, 뤼도비크 알레비 같은 친구들과 사귀었다.

1845년 10월, 열한 살의 드가는 생자크 거리에 있는 루이르그랑에 입학했다. 당시 유럽의 기숙학교들이 그렇듯 학생들은 열악한 환경 속에서 집단생활을 해야 했다. 그는 그곳에서 뤼도비크 알레비, 루아르, 폴 발팽송 같은 평생 친구를 만났다. 드가가 훗날 어울리게 될 인상주의 예술가들과 달리 라틴어와 그리스어에 밝았던 것도 이곳에서 가혹한 규율 속에 배웠기 때문이다.

학교를 졸업할 무렵부터 드가는 루브르박물관의 작품을 모사하기 시작했다. 아버지의 뜻에 따라 1853년에 소르본대학교 법학부에 들어갔지만, 곧 그만두고 루이 라모트의 아틀리에에서 기초를 닦은 다음 1855년에 에콜데보자르에 입학했다. 라모트는 고전주의 미술을 대표하는 장 오귀스트 도미니크 앵그르의 제자였다.

드가가 에콜데보자르에 들어갔던 해에 파리에서는 만국박람회가 열렸다. 주최 측에서는 앵그르의 〈목욕하는 여인〉(흔히 '발팽송의 욕녀'라는 제목이 붙는다)을 전시하기 위해 이 무렵 그림의 소장자인 에두아르 발팽송에게 대여를 요청했다. 하지만 드가의 친구인 폴 발팽송의 아버지이기도 했던 그는 박람회장에 화재라도 일어나면 어떡하느냐며 대여를 거절했다. 마침 그의 집을 방문했다가 그 이야기를 들은 드가가 에두아르를 설득했고, 그의 열정에 감동한 에두아르는 마음을 고쳐먹고 작품을 내주겠다며 약속했다. 에두아르는 자신의 결정을 앵그르에게 알리러 가는데 드가에게 함께 가자고 했다. 앵그르는 이들을 흡족하게 맞았다. 서로 기분 좋은 이야기를

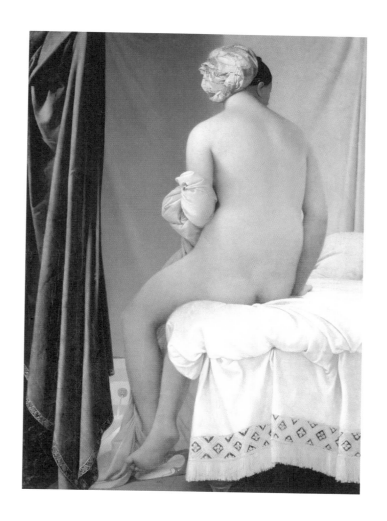

장 오귀스트 도미니크 앵그르, 〈목욕하는 여인〉

캔버스에 유채, 146×97cm, 1808, 루브르박물관, 파리

앵그르가 '목욕하는 여인'을 주제로 그린 누드 연작 중 하나이다. 그가 오랫동안 천착해온 이상적인 인체의 아름다움이 잘 구현된 작품으로, 그는 여성의 신체가 만들어내는 이상적인 곡선을 강조하여 관능적인 느낌이 나도록 했다. 작품을 보면 오른쪽으로 시선을 옮길수록 색채가 밝게 변한다는 것을 알 수 있다. 이는 목욕이 인간의 영혼을 정화한다는 걸 상징적으로 표현한 것이다. 루브르에서는 "선과 섬세한 빛이 만들어낸 걸작"이라 평하지만, 작품을 처음 선보였던 당시에는 비평가들의 외면을 받았다.

1   2

1. 장 오귀스트 도미니크 앵그르, 〈자화상〉
캔버스에 유채, 86.4×69.9cm, 1804, 콩데미술관, 파리
2. 〈자화상〉 캔버스에 유채, 81.3×64.5cm, 1854 또는 1855, 오르세미술관, 파리
드가는 앵그르와 마찬가지로 오른손에 팔레트 나이프를 든 모습으로 자신을 그렸다. 앵그르
의 자화상에 대한 오마주인 것이다. 앵그르는 젊은 드가가 찾았던 규준과 질서를 상징하는
존재였다.

나누고 집에서 나오려는데, 앵그르가 이들 방문객에게 공손히 인사하다가 그대로 쓰러져 정신을 잃고 말았다. 에두아르와 드가가 응급조치를 취한 덕분에 앵그르는 겨우 정신을 차릴 수 있었다. 다음날, 드가는 앵그르의 상태가 호전되었는지 확인하겠다며 혼자서 그의 집을 찾아갔다. 물론 당시 드가의 방문 목적은 자신의 데생을 앵그르에게 보여주기 위함이었다.

드가의 데생을 본 앵그르는 의례적인 칭찬을 했다. 그러면서 "선을 그려요, 많은 선을, 기억에 의해서이건, 자연에 의해서이건"(폴 발레리, 『드가·춤·데생』, 김현 옮김, 열화당, 55쪽)이라고 덧붙였다. 드가는 이 말을 평생의 지침으로 삼았다. 인상주의 예술가들이 그림을 그리면서 인물과 사물의 윤곽선을 흐트러뜨렸던 것과 달리 그는 평생토록 선명한 윤곽선을 고수했다.

그런데 이 이야기와 관련하여 다른 내용도 전해진다. 훗날 드가는 폴 발레리에게 앵그르와의 만남을 이야기했고, 발레리는 앵그르의 말을 이렇게 기록했다. "좋아요! 젊은이, 자연대로 그리지 말게. 언제나 기억이나 대가들의 판화대로 그리게."(『드가·춤·데생』, 55쪽)

드가가 발레리에게 앵그르와 있었던 일을 전한 것은 1890년대이므로, 그가 앵그르를 처음 만난 때로부터 40년도 더 지난 시점이었다. 기억은 뒤틀리며 흘러가기 마련이다. 게다가 사사로운 기억이기에 누군가가 공식적으로 기록해놓은 것도 아니니 발레리가 기록한 시점에서야 드가의 기억이 정착되었다.

앵그르의 말에서 우리가 눈여겨보아야 할 것은 따로 있는데 바로 그가 '판화'를 강조했다는 사실이다. 당시에는 판화만이 유명한 작품들을 접할 수 있는 사실상 유일한 수단이었다. 지금처럼 컬러사진에 미술품을 담을 수 없었던 터라 해당 작품을 보려면 소장자의 비위를 맞춰가며 허락을 받아야 했다. 모사는 더더욱 어려운 노릇이었다. 때로는 그림을 보기 위해 다른 나라나 먼 지역까지 가야만 했다. 훗날 드가가 이탈리아로 여행을 떠난 것도 중요한 미술품을 직접 보고 연구하기 위해서였다.

어쨌든 이런 과정을 거쳐 앵그르의 〈목욕하는 여인〉은 1855년 만국박람회 산업관의 미술 회고전시회에 걸리게 되었다. 이 전시회에는 프랑스 낭만주의미술을 대표하는 외젠 들라크루아의 작품도 함께 전시되었다. 물론 드가는 들라크루아의 그림도 면밀하게 살펴보았다. 당시 회고전은 앵그르와 들라크루아에게 헌정된 것이나 다름없었다. 19세기 파리 미술계는 앵그르를 중심으로 한 고전주의와 들라크루아로 대변되는 낭만주의로 양분되어 있었다.

고전주의는 과거의 문화와 예술을 전거로 삼아야 한다는 관념과 예술을 가리키므로 어떤 의미에서는 시대마다 고전주의가 있었다고 할 수 있다. 하지만 미술사에서 고전주의라고 할 때 가장 먼저 호출되는 이들은 18세기 후반부터 19세기 초에 걸쳐 프랑스에서 활동했던 자크 루이 다비드와 앵그르를 비롯한 화가들이다. 18~19세기 유럽의 예술가와 지식인 들은 고대 그리스와 로마의 문화에 새삼 더욱 주목했고 나폴레옹 같은 정복자는 로마제국의 영광을 재현하겠다는 망상에 사로잡혔다. 나폴레옹의 비호 아래 다비드는 장중하고 엄숙한 대작을 만들었지만, 나폴레옹이 몰락하자 그도 프랑스를 떠나야 했다. 다비드가 떠난 자리를 앵그르가 이어받았다. 고전

외젠 들라크루아, 〈민중을 이끄는 자유의 여신〉
캔버스에 유채, 260×325cm, 1830, 루브르박물관, 파리
1830년에 일어난 7월혁명의 정신을 기리는 작품으로, 당시 일어났던 사건과 알레고리를 기념
비적으로 결합한 걸작이라 평가받는다. 그림 속 인물들 뒤로 저 멀리 노트르담대성당이 보이
며, 포연으로 뒤덮인 거리에서 무너진 바리케이드와 그 아래 깔린 주검들을 딛고 올라선 여인
이 한 손에는 장총을 쥐고 또 다른 손에는 자유와 평등, 우애를 상징하는 프랑스의 삼색기를
높이 쳐들고 있으며 그 뒤로 군중이 그녀를 따르고 있다. 들라크루아의 붓은 7월혁명을 겨냥
한 것이었지만, 이 작품은 부당하고 불합리한 권력에 항거하며 자유를 바라는 시민들의 보편
적인 열망을 가리킨다고도 볼 수 있다.

주의미술은 화면의 균형과 질서를 추구했고, 색채보다는 선묘를 중시했다. 반면 프랑스 낭만주의미술을 대표하는 들라크루아는 음악처럼 율동적인 화면을 만들어내려 요동치는 색채를 구사했다.

드가는 앵그르와 같은 차분하고 체계적인 예술을 추구하면서도 들라크루아의 자유분방함에 끌렸다. 그러다 보니 드가의 예술은 초기에는 앵그르적인 경향을, 후기에는 들라크루아적인 경향을 띤다. 엄격함과 자유로움, 치밀함과 즉흥성 사이를 드가는 평생 시계추처럼 오갔다.

그런데 1855년의 회고전은 여기서 배제된 예술가 때문에 오늘날까지 회자되고 있다. 쿠르베라는 젊은 화가가 〈오르낭의 장례식〉이라는 터무니없이 커다란 작품을 출품했는데 심사위원회에서 이 작품을 거부했다. 〈오르낭의 장례식〉은 시골 농부의 장례식을 기념비적인 사건처럼 묘사하여 사실주의미술의 도래를 알린 작품이었다. 거부당한 쿠르베는 박람회장에서 멀지 않은 몽테뉴 거리에 창고 건물을 빌린 뒤 단독 전시회를 열어 마흔 점이나 되는 작품들을 선보였다. 예술가가 개인전을 여는 것이 지금은 너무도 당연한 일이지만 그 당시에는 유례가 없는 일이었다. 드가 역시 쿠르베의 전시회를 보았을 것이다. 과거의 조류와 새로운 조류가 맞부딪치는 모습을 마주한 그의 내면에서는 어떤 마음이 일었을까. 고전주의와 낭만주의, 사실주의가 맞물리는 격류를 이 젊은 예술가 지망생은 아마도 갈피를 잡지 못한 채로 지켜보았으리라.

귀스타브 쿠르베, 〈오르낭의 장례식〉
캔버스에 유채, 315×668cm, 1849~1850, 오르세미술관, 파리

쿠르베는 자신의 고향인 오르낭에서 있었던 이름 모를 이의 장례식을 모티프로 해서 그림을 그린 뒤 '오르낭의 장례식' 또는 '인간 군상들에 대한 그림'이라고 명명했다. 이 작품이 살롱에 출품되었을 당시 사람들은 큰 충격을 받았는데, 평범한 시민들이 역사의 전면에 나선 2월혁명(1848)의 충격이 채 가시지 않은 상태인 데다가 출품작의 주인공이 왕도 유명인도 아닌 촌부인 걸 보며 시대가 바뀌고 있음에 두려움을 느꼈기 때문이다. 쿠르베는 계급을 막론하고 사람은 죽음을 피할 수 없기에 죽음은 그만큼 평등하다고 생각했으며, 예술을 통해 평범한 이들의 죽음이 가져올 파장을 가장 극명하게 보여주고자 했다.

머지않아 드가는 에콜데보자르를 떠났다. 미술학교에 환멸을 느껴서가 아니라, 학교의 교육과정이 딱히 쓸모가 없다고 여겨서였다. 사실 그는 누군가에게서 배우는 데 별로 관심이 없었다. 물론 과거와 동시대의 여러 예술가로부터 영향을 받기는 했지만, 이런 영향을 어디까지나 스스로 궁리하고 연습해가면서 체화해나갔다. 또 많은 예술가가 기회만 있으면 미술학교에서 교편을 잡으려 했던 것과 달리 드가는 평생 누군가를 가르치는 일에도 관심을 두지 않았다. 누군가를 가르친다는 것은 책임을 진다는 것이기에, 그는 그런 책임을 떠안으려 하지 않았다. 그러나 드가가 의도하지 않았음에도 훗날 그는 존재 자체만으로도 여러 예술가에게 막대한 영향을 끼쳤다.

드가가 인생의 방향을 정할 때마다 내린 결정은 파격적이면서도 보수적이었다. 법률가에서 화가로 진로를 바꾼 것은 파격적이었다. 하지만 미술학교에서는 인체데생과 옛 미술품에 대한 모사로 이루어진 전통적인 교육과정을 얌전히 따르며 기법을 연마해나갔다. 마네나 폴 세잔처럼 골칫거리 학생이 아니었다. 얼마 안 가 드가는 미술학교도 그만두었지만, 그다음 행보는 또 관례적이었다. 당시 프랑스의 예술가 지망생들이 그랬던 것처럼 이탈리아로 갔다. 그런데 파리로 돌아온 뒤로는 예술가들이 흔히 밟던 과정에서 벗어나 소위 제도권 바깥에서 입지를 닦았다.

물론 이러한 행동은 드가의 실용적인 계산에서 비롯된 것이었다.

그가 보기에 굳이 미술학교에서 배울 필요가 없었다. 당시 프랑스의 미술학교는 이탈리아를 미술의 본산으로 여기며 전통적인 수업 방식을 고수했는데, 드가는 그럴 바에는 차라리 이탈리아로 가서 옛 미술품을 직접 보며 연구하는 것이 훨씬 나으리라 판단했다. 로마대상을 받으면 국비로 이탈리아에 유학할 수 있었지만, 그는 상 같은 것에 연연하지 않았을 뿐 아니라 타이틀에 얽매이지 않았다. 게다가 말이 좋아 국비 유학이지 경쟁이 너무 치열했다. 로마대상을 받기 위해서는 심사 위원들의 눈에 딱 들어맞을 만한 방식으로 그려야 했고, 그러고서도 합격할 가능성은 매우 낮았다. 드가는 그러한 일에 시간을 낭비할 필요도 없으며, 언제든지 이탈리아로 갈 수 있으리라 생각했다. 집안은 부유했고 이탈리아에는 할아버지를 비롯한 친척들이 많이 살았기에 속 편하게 여겼다. 그의 이탈리아 체류에는 이탈리아 미술을 연구한다는 명분이 있었고, 실제로 그는 부지런히 탐방하면서 모사를 했으니 목적에서 어긋난 것은 아니다. 하지만 이탈리아를 방문한 데에는 또 다른 배경도 작용했다. 그곳에 사는 친척들을 방문하기 위해서였는데, 애초에 그가 자신 있게 이탈리아 여행을 결심했던 것도 친척들의 집을 거점으로 삼을 수 있었기 때문이다.

드가는 마르세유에서 출발하여 1856년 7월 1일 나폴리에 도착했다. 과거에 할아버지가 거쳤던 여정과 같았다. 드가는 나폴리에서 할아버지와 삼촌, 고모를 비롯한 친척들과 함께 지냈다. 그는 이탈리아에서 머무는 동안 친척들의 초상화를 그렸는데, 그중에서도 할아버지를 그린 그림이 널리 알려졌다. 앞서 이야기했듯이, 드가

이탈리아 나폴리 전경

드가는 부유한 집안 덕분에 이탈리아로 유학을 떠날 수 있었다. 1856년 그는 친척들이 사는 이탈리아에 건너가 그곳에서 3년간 머물며 초기 르네상스 작품들과 프랑스 고전주의미술 작품을 700점 이상 모사했다.

의 할아버지는 온갖 고난 속에서 부유하고 국제적인 가문을 일구어낸 장본인이다. 그래서일까. 드가의 캔버스 앞에 앉아 포즈를 취할 때 일레르는 여든일곱 살이었음에도 작품 속에서 그는 세월의 무게에 위엄 있게 맞선 모습이다. 하지만 무엇보다 놀라운 점은 젊고 미숙한 예술가가 이런 모델을 앞에 놓고 결코 주눅 들지 않았다는 것이다.

드가의 초상화는 그가 다른 주제를 그린 작품과 따로 항목을 만들어 다루어야 할 만큼 특별하다. 그가 그린 초상화 속 인물들은 범상치 않은 기운을 뿜어낸다. 성별과 나이가 다른 여러 인물을 그린 초상화들 모두 탁월하다.

피렌체에 살던 고모의 가족을 그린 〈벨렐리 가족〉 역시 드가의 초기작임에도 눈길을 사로잡는다. 고모는 아버지(앞서 드가가 초상화를 그린 할아버지 일레르)가 사망한 지 얼마 되지 않은 터라 상복을 입고 있다. 일레르는 작품 속 벽에 걸린 액자 안에 묘사되어 있다. 등을 보이고 앉은 사람은 고모부 벨렐리 남작으로, 그 무렵 나폴리에서 이탈리아통일전쟁과 관련된 활동을 하다가 망명 중인 처지였다. 남작은 어떤 큰 잘못이라도 저지른 듯 가족으로부터 배제된 것 같은 분위기를 풍긴다. 남작은 다른 가족을 바라만 볼 뿐 다가가지 못한다. 부인의 얼굴 주변은 배경도 단정하고 반듯한데, 남작의 얼굴 주변은 어수선하고 정리되지 않은 느낌이다. 이런 식으로 드가는 두 사람의 심중을 드러냈다. 엄숙한 표정으로 두 딸을 거느리고 다른 먼 곳을 바라보는 부인이 꿈꾸는 앞날에 남편은 없는 듯하다.

반목하는 부모 사이에서 두 딸도 저마다 분위기를 읽고 적절한

〈일레르 드가의 초상〉 캔버스에 유채, 53×41cm, 1857, 오르세미술관, 파리

드가의 할아버지가 세운 은행이 자리를 잡으면서 나폴리에 있던 드가 집안은 상당한 부를 축
적했을 뿐 아니라 이탈리아의 귀족 집안과 사돈을 맺기까지 했다. 할아버지가 이룩한 부 덕분
에 드가는 유복한 환경에서 성장할 수 있었다. 드가는 이탈리아 유학 중에 할아버지를 모델로
초상화를 완성했는데, 작품에 표현된 일레르의 눈빛과 몸가짐에서 위엄이 배어 나온다.

〈벨렐리 가족〉 캔버스에 유채, 200×250cm, 1858~1867, 오르세미술관, 파리

드가의 그림에서 서로를 보듬고 다독이는 가족의 모습은 찾아보기 어렵다. 이 그림 속 가족
또한 서로 화해하지도, 서로를 포용하지도 못한 채 저마다 고립되어 있다. '가족의 초상'이라
고도 불리는 이 작품은 화상 폴 뒤랑뤼엘의 집에 다른 작품들과 함께 쌓여 있다가 1913년에
다시 발견되었다.

태도를 취하려고 애쓴다. 어머니 가까이 서 있는 조반나는 정면을 바라보면서 미소를 머금고 있다. 이 미소는 공감을 표하여 관람객을 동화시키는 것이라기보다 그녀 자신이 취한 태도와 노선을 확실시하고 합리화하는 미소이다. 그녀는 엄마 편이다. 아빠를 배제하는 엄마 쪽에 동조한다는 의사를 표시한 것이다. 반면에 의자에 걸터앉은 지울리아의 자세는 미묘하다. 화면의 왼쪽과 오른쪽을, 적대적인 두 세력을 연결하며 조율하고 있다. 아마도 드가는 그녀의 자세와 표정에 가장 공을 들였을 것이다.

이처럼 여러 인물을 유기적으로 구성한 드가의 솜씨는 플랑드르의 화가인 페테르 파울 루벤스나 안토니 반 다이크 같은 화가에게서 배운 것 같고, 모호하면서도 냉정한 접근 방식은 스페인의 디에고 벨라스케스를, 혹은 그보다 앞서 인물의 성격을 냉철하게 포착했던 독일의 화가 한스 홀바인까지도 연상케 한다.

〈벨레리 가족〉 화면 오른쪽 아래에는 푸들이 그려져 있는데 가장자리에서 머리가 잘린 모습이다. 이는 훗날 드가의 그림에서 가장자리를 파격적으로 자르는 구도의 출현을 예고하는 것이라 할 수 있다. 드가는 1858년부터 이 그림을 그리기 시작했는데 1867년에야 작업을 끝낼 수 있었다. 네 가족 모두가 한 장소에서 다 같이 자세를 잡은 것이 아니었고, 드가는 그들의 모습을 따로 스케치해서 조합했다. 덕분에 이들 가족은 완성작을 보지 못했는데, 당사자들에게는 잘된 노릇이었다.

이 뒤로도 드가는 가까운 사람들의 초상화를 그렸지만, 화면에 두 명 이상의 인물이 등장하는 경우에 그들이 편안하고 행복해 보인 적이 없었다. 그의 작품 속 인물들 사이에는 미묘한 기류가 흐른다. 그들은 같은 공간에 있지만, 서로에게 호의적이지 않을 뿐 아니라 서로를 소외시키면서 고립되어 있다. 그래서 드가가 그린 초상화는 보는 이를 불편하게 만든다. 그의 그림은 사람들 사이에 즐거움과 애정, 신뢰만이 오가는 것이 아님을 잘 보여준다.

드가는 이 뒤로 신화와 역사를 주제로 한 그림을 여럿 그렸지만 대체로 시원치 않았다. 그러니까 성급하게나마 이런 결론을 끌어낼 수 있지 않을까. 그는 기념비적인 작품을 얼마든지 그릴 수 있었지만, 어디까지나 현실 속의 인물을 다룰 때 자신의 힘을 가장 잘 발휘할 수 있는 예술가였다고 말이다.

나폴리에 머물던 드가는 1856년 10월에 로마로 가 아홉 달 동안 지냈다. 그곳에는 프랑스아카데미의 로마 본부인 빌라 메디치가 있었으며, 로마대상을 받은 젊은 예술가들이 이탈리아의 미술품을 모사하면서 공부하고 있었다. 이곳에 개설된 야간 아카데미는 일반에게도 개방했기에 누구라도 인물 모델을 보고 작업할 수 있었다. 드가 역시 거기서 작업했다. 1858년 1월에 그는 다시 로마로 갔고, 그때 귀스타브 모로를 처음 만났다. 평생 친하게 지내는 화가 레옹 보나도 이때 알았다.

1858년 여름, 드가는 페루자와 아시시, 아레초를 거쳐 피렌체까지 여행했다. 그는 아시시에서 이탈리아의 화가 조토 디본도네의 프레스코를 보고 감명을 받았다. 그 밖에도 그는 안드레아 만테냐, 산드로 보티첼리, 라파엘로 산치오 등, 초기 르네상스와 전성기 르네상스 예술가들의 작품을 베껴 그리면서 연구했다. 프랑스에도 이

빌라 메디치

로마의 테르미니역에서 자동차로 20분가량 떨어진 곳에 있다. 16세기에 코시모 데 메디치가
아들 조반니를 위해 세운 것인데, 1803년부터 프랑스아카데미의 로마 본부로 사용하고 있다.
드가는 빌라 메디치의 야간 아카데미에 나가 그림을 그리곤 했다.

탈리아 르네상스 미술품이 있었고, 드가는 일찍부터 루브르박물관을 드나들면서 그 작품들을 모사하며 연구했다. 하지만 이탈리아 현지에서 직접 보는 것이 더 나았으리라. 더군다나 이탈리아 르네상스의 중요한 작품 상당수가 프레스코이기 때문에 벽화가 그려진 건물을 직접 방문하는 편이 좋았을 것이다.

드가는 평생 여행을 많이 했다. 젊은 시절에는 런던에 다녀왔고, 노년에는 스페인과 북아프리카를 여행했다. 하지만 그가 여행지의 풍물이나 풍경을 담은 그림은 찾아보기 어렵다. 이탈리아의 풍광을 그린 수채화가 남아 있지만 아마 예술가 지망생이 해야 할 법한 관례에 따라 풍경화를 그려본 듯하다. 그는 아름다운 자연을 대하면서도 그것을 화면에 담기보다 작업실로 얼른 돌아가서 자기 나름의 작업을 계속하고 싶어 했으며, 노트에 "자연을 바라보고 있노라면 금세 싫증이 난다"라고 적기도 했다.

비평가들은 드가의 이탈리아 체류가 가지는 의의에 대해 대부분 부정적인 견해를 보인다. 그의 이탈리아 시기는 훗날 그가 다룬 현대적인 주제와 동떨어져 있다는 것을 근거로 내세우면서 말이다. 달리 말해 이탈리아 시기가 없었더라도 드가는 발레와 경마와 카페 같은 현대적인 주제를 그릴 수 있었을 것이라고. 게다가 이탈리아에서 그가 조형의 기초를 닦았다고 보기도 어렵다. 그렇다면 드가는 그곳에서 그저 시간을 낭비한 것일 뿐일까?

만약 드가가 이탈리아에 가지 않고 파리에 계속 머물러 있었더라면 현대적인 주제를 좀 더 일찍 다루었을까? 그렇지는 않았을 것이다. 그가 그러한 주제를 다루게 된 데에는, 뒤에서 자세히 이야기하겠지만 주변의 예술가들, 특히 마네의 영향이 크게 작용했다. 물론 드가가 현대적인 주제를 다룬 것에는 그의 기질과 성향이 무엇보다 주요했다.

드가의 이탈리아 시기를 부정적으로 보는 이들을 위해 굳이 변명하자면 이렇게 말할 수 있을 듯하다. 그는 자신에게 가장 잘 맞는 주제와 방향을 당시까지 몰랐다. 젊은 시절의 그는 규준과 관례에 맞춰 행동하려 했다. 흔히 젊은 예술가는 혁신적이고 나이 든 예술가는 보수적이라고 생각하는데, 드가를 통해 알 수 있듯 오히려 반대인 경우도 있다. 그는 젊은 시절에는 어떻게든 자신이 들어앉을 질서와 체계를 찾으려 애썼고, 나이가 들어서는 그런 것에 얽매이지 않고 자유로움을 추구했다.

결과적으로 이탈리아 여행은 드가에게 파리를 다시 발견하는 계기가 되었다. 그는 어쩔 수 없는 파리의 화가였다.

외면받은 드가의 역사화

1859년에 파리로 돌아온 드가는 한동안 무력감에 빠졌다. 이탈리아라는 별세계를 돌아다니다 보니 파리는 성에 차지 않았다. 하지만 당시 프랑스 미술계의 관례에 따라 데뷔할 준비를 해야 했다. 앞서 본 대로, 드가는 살롱에 도전하지 않고 집안의 재력에 기대어 이탈리아에 다녀왔다. 그러나 이 또한 경쟁과 대결의 유예일 뿐이었다. 예술가로서 공식적인 인정을 받으려면 살롱에 뛰어들어야 했다. 드가는 고대 그리스와 중근동의 역사, 중세 프랑스사, 성경에서 주제를 취한 그림들을 1865년부터 살롱에 출품했다.

〈오를레앙의 비극〉은 그가 살롱에 내놓았던 작품들 가운데 하나이다. 중세 역사 속 한 사건을 모티프로 해서 그린 듯하지만, 정확히 어떤 일인지 분명하지 않다. 다만 백년전쟁(1337~1453) 중에 잉글랜드 병사들이 프랑스 여성들을 겁탈하고 살해한 사건을 다룬 것만은 확실하다. 이런 일이야 당시 전쟁 중 프랑스 어디에서나 벌어졌을 수 있지만, 오를레앙에서 발생했음을 보여주는 기록이 없기에 제목부터 알쏭달쏭하다. 드가가 나름대로 참고한 기록이 있었을 수도 있지만, 지금으로서는 알 수 없다.

오를레앙은 1429년 봄에 잔다르크가 이끄는 프랑스군이 잉글랜드군을 격파한 곳으로, 당시 전투는 전쟁의 흐름을 바꾸어놓았다. 그러니까 '오를레앙의 비극'이라는 제목은 백년전쟁 때 프랑스가 겪은 고통을 가리킴과 동시에 프랑스의 민족주의적 감성을 암시하는 것일 수도 있다. 나아가 프랑스인들이 오를레앙의 이름을 따서 미국 남부에 건설한 '뉴올리언스(누벨 오를레앙)'가 남북전쟁(1861~1865) 때 당한 수난을 내포하는 것일 수도 있다. 드가의 외척들이 뉴올리언스에 살고 있었다는 점을 염두에 두면 어느 정도 가능성이 있다.

〈오를레앙의 비극〉에서 알몸인 채로 납치를 당하거나 죽임을 당하는 여성들의 모습은 과거 바로크미술이나 고전주의미술, 낭만주의미술에서 수없이 등장했던 정형화된 누드이다. 하지만 화면의 짜임새가 정교하지 않다 보니 누드를 자세별로 연습한 결과물을 나열한 꼴이 되었다. 이 그림은 중심인물도 분명하지 않고, 그들의 고통과 비탄의 표정도 드러나지 않는다. 사건도 감정도, 어느 것 하나 뚜렷하지 않다. 애써 긍정적으로 보자면 훗날 드가가 구사할 파격적인 구도를 암시하듯 중심이 비어 있다. 여성들의 무기력한 모습, 다리를 구부린 모양에는 모로의 그림자가 드리워져 있다.

당시 유럽의 공식적인 미술계에서 가장 보편적으로 다룬 주제는 고대 그리스와 로마의 신화와 역사였다. 〈소년들에게 도전하는 스파르타 소녀들〉은 고대라는 과제에 대한 드가의 대답이다. 이 그림 속 소녀들은 옷을 가볍게 걸친 모습으로, 한판 해보자며 소년들을 도발한다. 고대의 신화와 역사를 다룬 수많은 회화와 조각에서 여성이 이처럼 능동적인 태도를 보인 예는 매우 드물다. 또한 그림 속 소녀와 소년 모두 고전적인 장엄함이나 아름다움과 거리가 멀다. 이러한 점 때문에 비평가들은 이 작품을 "파리 교외의 말라깽이들을 그린 것 같다"라고 혹평했다.

드가가 그린 역사화들은 동시대의 그림들과 크게 어긋난다. 의례적인 호들갑이 전혀 없으며 차분하다 못해 냉담하다. 그렇기에 그의 그림들은 당대 주류의 화풍이 가식적이고 공허하다는 것을 역설적으로 보여준다. 화가 자신조차 실제의 과거와 상관없이 장르의 관습에 따라 그리는 작업에 무력감을 느끼는 것처럼 보인다. 주류 미술계의 관례에 자신을 맞추어갈 것인가, 아니면 전혀 다른 방향을 추구할 것인가? 드가에게는 당대의 현실을 추구해야 할 과제만이 남아 있었다. 하지만 정작 그는 그것을 받아들이지 못했다. 부지런히 작업했지만, 성과는 거의 없었다. 젊은 시절의 드가는 자신의

〈오를레앙의 비극〉 캔버스에 유채, 83.5×148.5cm, 1865년경, 오르세미술관, 파리

본래의 제목인 '중세의 전쟁 장면'보다 '오를레앙의 비극'이라는 이름으로 더욱 유명하며, 드
가의 마지막 역사화로 알려진 작품이다. 다소 산만해서 미숙해 보이는 이 그림에서 드가가 훗
날 활용하게 되는 파격적인 구도의 싹이 엿보인다.

〈소년들에게 도전하는 스파르타 소녀들〉

캔버스에 유채, 109.5×155cm, 1860년경, 내셔널갤러리, 런던

이탈리아에서 돌아온 드가는 살롱에 출품하기 위해 역사화를 그리기 시작했다. 그중 이 작품은 그리스의 철학자 플루타르코스가 쓴 『영웅전』에 나오는 리쿠르고스의 이야기에 영감을 받아 그린 듯하다. 파리의 비평가들은 그림 속 인물들의 모습이 스파르타와 거리가 멀어보인다며 못마땅해했다. 하지만 19세기 프랑스의 다른 예술가들이 고대를 묘사한 그림들에 비하면 드가의 그림이 고대의 실상에 훨씬 더 가까울 것이다.

노력이 부질없는 것이 아닐까 하는 불안과 회의에 시달렸다.

드가에게 드리워진 모로의 그림자

이탈리아에서 드가는 오래도록 마음을 나눌 예술가들을 만났다. 그중 한 사람이 모로로, 그는 드가가 한때 가장 소중하게 여겼던 사람이다. 두 사람은 박물관과 성당 등을 돌아다니며 작업을 하거나 서로의 모습을 그려주기도 했다. 드가가 모로를 그린 초상화는 현재 귀스타브모로미술관에 걸려 있다. 모로가 드가를 그린 그림은 둘 다 소묘인데, 드가의 얼굴은 옆모습만 나와 있다. 한 점은 드가가 모자와 망토를 걸친 옆모습이고 또 한 점은 드가가 몸은 정면을 향하지만, 고개는 옆으로 돌린 모습이다.

모로의 그림 속 드가의 눈은 바깥쪽으로 처져 있다. 드가 자신이 그린 자화상이나 여타 초상화나 사진과 비교해보면 이는 모로가 은연중에 과장한 것임을 알 수 있다. 이 밖에도 모로의 그림 속 드가는 콧날이 섬세하고 입술은 약간 튀어나와 있는 것처럼 묘사되었다. 모로의 그림 속 드가는 어딘지 어색해하는 모습인데, 언뜻 몽상에 빠진 것처럼 보인다. 반면 드가가 그린 모로의 모습은 세속적이고 타산적인 분위기를 풍긴다. 예술가라기보다는 금융인이나 모험적인 사업가 같은 느낌이 든다. 아무튼, 두 사람 모두 상대가 자신을 그린 그림을 좋아했을 것 같지는 않다.

모로는, 미술사를 직선적으로 정리해나갈 때 어디에도 속하지 못

〈귀스타브 모로〉 캔버스에 유채, 40×27cm, 1860, 귀스타브모로미술관, 파리

모로는 20년 동안 살롱에 작품을 출품했다. 1883년에 훈장 레지옹 도뇌르를 받았고 1888년
에는 프랑스아카데미 회원이 되었다. 예순여섯 살이었던 1892년에는 에콜데보자르의 교수로
초빙되었다. 그는 자신의 방식을 고집하기보다 제자들이 저마다의 길을 찾아가도록 격려하는
관대한 스승으로서 존경받았다. 훗날 야수파를 표방한 알베르 마르케와 앙리 마티스, 벨기에
의 화가 페르낭 크노프 같은 이들이 그의 제자였다. 모로는 온갖 소란과 격변에 휩싸였던 파
리 중심부 가까이에 자리를 잡고서도 대체로 은둔자에 가까운 삶을 살다가 1898년 일흔두 살
의 나이에 위암으로 세상을 떠났다.

1   2

<hr />

1. **귀스타브 모로, 〈우피치에서 드가〉** 소묘, 15.3×9.4cm, 1859, 귀스타브모로미술관, 파리

2. **귀스타브 모로, 〈피렌체에서 드가〉** 소묘, 14.7×7.1cm, 1858, 귀스타브모로미술관, 파리

이탈리아에 머물던 드가는 레옹 보나와 쥘 엘리 들로네를 비롯해 많은 예술가와 교유하기 시작했는데, 특히 귀스타브 모로와 가까워졌다. 드가와 모로는 함께 로마와 피렌체의 미술관들을 관람했고 편지를 주고받으며 예술에 대한 생각을 나누었다. 두 사람은 서로의 모습을 여러 차례 그렸는데, 모로가 우피치와 피렌체를 배경으로 그린 드가의 초상화는 현재 귀스타브모로미술관에 소장되어 있다.

하는 예술가들 가운데 한 사람이다. 하나의 유파나 경향으로 분류하기 어렵기 때문이다. 건축가의 집안에서 태어난 그는 에콜데보자르에서 그림을 공부했으며 그곳에서 정규교육과정이었던 데생을 충실히 익혔다. 한편으로 모로는 이 무렵부터 들라크루아를 좋아했고, 앵그르의 제자였던 테오도르 샤세리오에게서도 영향을 받기 시작했다.

샤세리오는 미술사에서 그리 중요하게 여겨지지 않지만, 막상 루브르박물관에 가면 고전주의와 낭만주의 작품들 사이에서 간과하기 어려운 존재감을 드러낸다. 그의 스타일을 한마디로 정리하자면 앵그르의 선묘에 들라크루아의 색채를 결합한 것이다. 모로는 그런 샤세리오를 스승으로 삼았는데 자신도 그처럼 상반된 화풍들을 통합하겠다는 야심을 품었다. 하지만 모로의 작품은 별달리 주목을 받지 못했다. 그러다 1856년에 샤세리오가 서른일곱 살이라는 젊은 나이에 세상을 떠나자 상심한 모로는 자신의 예술에 새로운 국면을 열어야겠다고 마음먹고 이듬해에 이탈리아로 떠났다.

다른 화가들이 그랬듯이 모로는 피렌체와 베네치아, 로마 등을 돌아다니며 초기 르네상스와 전성기 르네상스 예술가들의 작품을 두루 연구했다. 그 작품들에 대한 모로의 감상은 독특했다. 누구나 역동적이라고 느끼는 미켈란젤로 부오나로티의 작품에서 그는 무기력하고 몽환적인 아름다움을 발견했다.

모로의 그림 속 인물들은 고대 그리스, 비잔틴, 혹은 중세 유럽 어디인지 싶은 기이한 공간 속을 떠돈다. 스러져 가는 햇빛 속에서 유약한 영웅이 괴물과 맞서거나 무구한 여인이 눈을 감고 고개를

떨군 채 축 늘어져 있다. 스핑크스와 오이디푸스의 이야기, 키마이라와 벨레로폰의 이야기도 모로의 손에서는 색깔이 완전히 달라진다. 모로가 1876년에 살롱에 출품한 〈헤롯 앞에서 춤추는 살로메〉에서 살로메는 죄의식과 공포에 사로잡힌 채 보는 이들을 유혹한다. 그녀는 발레를 하듯 발꿈치를 들고 있고 한 손에는 꽃을 든 채 다른 한 손을 앞으로 뻗으며 두 눈을 바닥에 내리깐다. 그런 그녀의 모습에서 한 남자를 죽음으로 몰고 간 팜파탈의 이미지를 곧바로 떠올리기는 어렵다.

그리고 이즈음부터 모로는 이국적인 색채를 강조하고 장식적 요소를 덧붙이기 시작했다. 그래서 그의 화면은 모스크의 장식 같기도 하고 동남아시아의 불교 사원 같기도 한 문양으로 가득하다. 건축물과 장식물, 의복, 심지어 인물의 몸통에까지 빽빽하게 그려 넣은 문양은 편집증적인 아름다움을 보여준다. 특별한 의미를 담은 것이 아니라 오로지 선 자체가 흘러 다닐 수 있게 마련된 문양일 뿐이다. 형상의 내부로 파고드는 문양은 장식적이고 평면적인 성격을 강조한다. 모로는 상징주의를 대표하는 예술가로 분류되며, 뒤에

귀스타브 모로, 〈헤롯 앞에서 춤추는 살로메〉

캔버스에 유채, 143.5×104.3cm, 1874~1876, 해머박물관, 로스앤젤레스

오스카 와일드가 성경에 암시된 인물을 바탕으로 창작한 희곡 『살로메』에서 주인공 살로메는 의붓아버지인 헤롯왕의 생일 축하연에서 아름다운 춤을 선보였다. 이를 흐뭇하게 여긴 왕이 그녀에게 원하는 소원을 모두 들어주겠다고 하자 그녀는 세례자 요한의 목을 요구했다. 이후 살로메는 치명적인 아름다움과 매력으로 남자를 파멸에 이르게 하는 팜파탈의 대명사가 되었고, 그녀의 이야기는 여러 예술가에 의해 다양한 방식으로 재현되었다. 모로의 이 그림은 와일드의 희곡에 앞서 살로메에게 팜파탈의 성격을 부여했다.

등장하는 표현주의에까지 그림자를 드리웠고 초현실주의 예술가들도 모로의 작업에서 영감을 얻었다.

얼핏 보기에 모로와 드가는 동시대를 살았던 예술가처럼 느껴지지 않는다. 하지만 19세기 초반과 중반의 낭만주의미술 작품, 소위 제도권에서 인정받았던 회화를 두루 섭렵한 이라면 이 두 사람의 연결 고리를 어렵지 않게 알아볼 수 있을 것이다. 드가에게 끼친 모로의 영향은 알아보기 쉬운 모습으로 남아 있지 않지만 젊은 드가가 예술에 대해 고민했던 여러 요소는 그에게서 영향받은 것이다.

앞서 이야기했듯이, 드가는 이탈리아에 머물던 1858년 초 무렵부터 모로와 교분을 나누기 시작했다. 당시 드가는 20대 초반에서 중반으로 넘어가는 나이였다. 그래서인지 그는 다른 예술가들과 어울릴 때 수줍어했고 예민하게 반응했으며 당연하게도 쉬이 상처받았다. 드가 특유의 독설은 아직 싹을 내밀지 않았던 것 같다. 드가보다 여덟 살 많았던 모로는 30대 초반이었으니, 왕성하게 활동할 나이였다. 다시 말해, 드가는 햇병아리 예술가였고 모로는 자기만의 세계를 개척하던 예술가였다. 모로를 따랐던 드가는 그에게 예술가로서의 불안과 고민을 털어놓으며 조언을 구했다. 한동안 드가는 그에게서 자극과 영향을 받았다. 드가는 애초에 앵그르를 추종했지만 모로를 통해 분방하고 화려한 색채를 접했고, 들라크루아를 달리 생각하게 되었다.

드가가 1861년에 그린 〈바빌론을 건설하는 세미라미스〉 속 인물들은 옆모습이 두드러지고, 정적인 분위기를 풍긴다. 수평의 에너지 그리고 다소 상투적이고 관습적인 인물 배치, 르네상스 회화의 거장 라파엘로를 연상시키는 인물들의 리듬. 고대를 주제로 했다는 점에서 드가가 모로의 그림으로부터 받은 자극을 짐작하게 한다. 이 작품은 당시 유럽에서 활발했던 고고학 연구에서도 영향을 받았다. 이 그림을 그리면서 드가는 루브르에 있는 아시리아의 부조들을 주의 깊게 살펴보며 참조했다. 제목에서 알 수 있듯이 〈바빌론을 건설하는 세미라미스〉의 주인공은 세미라미스로, 그녀는 전설 속의 아시리아 여왕이다. 흰옷을 입은 세미라미스가 멀리 웅대한 도시를 바라보고 있다. 19세기 중반 파리에서 진행되었던 오스만의 대대적인 개조 사업을 반영한 것이겠지만, 그림을 자세히 들여다보면 20세기 초의 맨해튼을 떠올리게 하는 고층 건물들이 멀리 보인다. 여왕과 수행원들은 고대 그리스와 로마의 부조에 등장하는 인물들처럼 정적인 분위기를 풍긴다. 그래서 이 작품은 전체적으로 장엄하지만 다소 경직된 느낌을 준다.

하지만 이 그림 속 인물들의 차분하고 냉랭한 분위기는 모로의 그림과는 결이 다르다. 모로는 이처럼 무언가를 건설하고 마련하는 인물을 그린 적이 별로 없다. 게다가 그의 작품 속 인물들은 운명의 격류에 휩싸여 있거나, 분노를 뿜어내며 상대를 내리치고 짓밟거나, 몸을 늘어뜨린 희생자이거나, 때로는 희생된 이들을 조용히 애도한다. 또한 모로였더라면 멀리 보이는 하늘에는 저무는 해를 그려 넣은 뒤, 기울어가는 해를 사그라지는 빛에 휘감기도록 연출함과 동시에 인물과 배경 할 것 없이 가느다란 선을 빽빽이 집어넣었을 것이다.

〈바빌론을 건설하는 세미라미스〉는 드가가 자신의 스타일을 마

〈바빌론을 건설하는 세미라미스〉 캔버스에 유채, 151 × 258cm, 1861, 오르세미술관, 파리

드가는 이 작품을 그리기 위한 준비 단계에서 아시리아와 페르시아의 부조, 무굴제국의 세밀화, 이집트의 회화, 그리스의 조각, 르네상스 회화를 연구하고 이를 노트에 기록해놓았으며 많은 모사화를 그렸다. 찬란한 도시가 건설되는 모습을 바라보는 여왕은 가슴이 벅차올랐을 것 같지만, 드가의 그림에서 여왕은 모든 것이 무너지고 사라지는 먼 훗날에 대한 예감에라도 사로잡힌 양 우울하고 착잡한 모습이다. 과거라는 주제 속에 앞질러 찾아온 미래를 담은 듯한 작품이다.

련했다기보다 모로의 관능적인 감상주의에서 벗어나는 과정에서 나온 작품이라고 보는 것이 적절할 듯싶다. 그의 영향력에서 벗어나려고 하고 있지만 새로운 영역을 찾지는 못한 상태이다.

화면 오른편에 얌전히 서 있는 말도 역설적으로 흥미롭다. 드가가 앞으로 평생 그릴 수많은 말의 역동적인 움직임을 여기서는 짐작도 할 수 없다.

드가와 모로, 두 사람은 1859년에 파리로 돌아와 이후 줄곧 파리에서 활동했는데 몇 년 지나서 서로 소원해졌다. 딱히 한 사람이 잘못한 것 같지 않다. 드가가 당대의 일상적인 주제를 다루게 되면서 두 사람의 세계는 어긋나기 시작했다. 모로가 보기에 드가는 시간과 정열을 낭비했고, 드가가 보기에 모로는 구태의연하고 작위적인 세계에 함몰되어 있었다. 예술가로서 자신이 붙은 뒤 드가는 갖가지 장식과 문양으로 화면을 채우는 모로의 화풍을 "올림포스 신들이 시곗줄을 달고 있다고 믿게 하려 든다니까"라면서 신랄하게 비꼬았다. 또 한번은 모로가 드가에게 이런 말을 했다고 한다. "자네는 그렇다면 춤으로 예술을 부흥시킬 생각인가?" 물론 이는 드가가 그린 발레리나 그림을 비꼬는 말이었다. 드가는 "그러면 당신은 장신구로 예술을 쇄신할 생각이오?"라고 응수했다.

모로는, 드가가 스쳐 갔고, 어쩌면 발을 담갔을, 하지만 남겨두고 떠나버린 세계가 지닌 이름이다. 드가와 모로, 잠깐이나마 같은 세계를 공유했을 두 사람의 궤도는 어긋나버렸다. 드가는 모로를 떠나 다른 선배를 찾았다. 새로운 선배의 이름은 '마네'였다.

환상의 세계를 구현해놓은 귀스타브모로미술관

오페라가르니에 뒤편으로 몽마르트르를 향해 클리시 대로를 따라 걷다가 에티엔되르브 광장에서 라로슈푸코 거리 방면으로 꺾어 들어가면 귀스타브모로미술관이 보인다. 삼색 기가 걸려 있어 관청 같은 분위기를 풍기지만 안으로 들어가면 전혀 다른 세계가 펼쳐진 다. 모로가 살던 저택과 작업실을 미술관으로 꾸민 이곳은 그가 스물여섯 살 때, 그의 아 버지가 구입해 넘겨준 것이다. 말년까지 거처를 옮겨 다니던 드가와 달리 모로는 주거지 걱정을 모르고 살았다. 이곳에서 그는 어머니와 둘이서 쭉 지냈다. 연인이 있었지만, 결 혼은 하지 않았다.

1895년부터 모로는 집을 미술관으로 꾸미기 시작했다. 사실주의와 인상주의 예술가 들이 묘사한 범속한 일상과 전혀 다른 환상적인 세계로 만들었다. 미술관에는 5000점 가까운 데생이 차곡차곡 정리되어 있는데, 이 데생들을 비롯하여 이곳에 가득한 습작과 미완성작은 모로의 작업 방식을 해부하듯 보여준다. 모로는 신화, 역사와 관련한 책을 수 집하고 꼼꼼하게 연구했다. 수많은 밑그림, 예비 작업, 습작은 그의 완벽주의를 비춰준

귀스타브모로미술관 외관

다. 그러나 그의 습작과 연구는 신화와 역사를 좀 더 실감 나게 묘사하는 데는 도움이 되지 않았다. 모로는 역사적인 정확성이나 충실성 따위는 무시한 채 맥락에 맞지 않은 자료와 장치들을 내키는 대로 뒤섞어 듣지도 보지도 못했던 세계를 꾸미는 일에 몰두했다.

그는 모델을 소묘한 뒤 그것을 화면에 빈틈없이 옮겼다. 르네상스 대가들이 그랬던 것처럼 중간 색조의 종이에 단정한 선으로 옮긴 뒤 흰색 초크로 입체감을 냈다. 관절 하나, 근육 하나 빠뜨리지 않았다. 하지만 이렇게 작업하면 역동적인 느낌이 잦아든다. 모로가 존경했던 들라크루아는 데생의 명료성을 포기하고 색채의 역동성을 취했는데 정작 모로 자신은 상상력과 데생을 모두 붙잡으려 들었다.

모로의 그림 속 인물들은 단단히 땅을 딛고 있다. 신화에 나오는 인물들과 괴물들처럼 날기에는 너무 무겁다. 그의 작품은 몽상적이면서도 무겁게 가라앉는다. 모로는 비현실적인 꿈의 세계를 유영하는 상상력을 위해 단단한 사다리를 밟고 올라가야만 하는 예술가였다.

한편 수집한 미술품을 비롯하여 자신의 작품을 보관할 수 있는 미술관을 세울 계획을 했던 드가는 모로의 미술관을 둘러보고 나서 그 계획을 포기했다. 그가 보기에 그림들을 그러모은 모로의 미술관이 '지하 납골당' 같았기 때문이다. 모로의 세계가 한 채의 건물 안에 갇혀 있었던 것과 달리 드가의 눈길은 파리 전체에 뻗어 있었다.

귀스타브모로미술관 내부

인상주의적이지 않은
인상주의 예술가

리볼리를 건너 늑대의 성으로

아침 공기를 헤치며 방돔광장을 지나 루브르로 걸어갔다. 센강 우안, 그러니까 북쪽에서 루브르로 들어가려면 루브르 옆으로 길게 뻗은 리볼리 거리를 지나야 한다.

이 거리를 걷다 보니 프랑스 영화 〈죄와 벌〉(1956)에서 갈레 경감(장 가뱅)이 나폴레옹 숭배자인 주인공 앙투안 모네스티에(베르나르 블리에)에게 던진 "저번에 만났을 때 자네는 워털루의 나폴레옹처럼 굴더니 오늘은 마치 리볼리의 나폴레옹처럼 공격적이로군"이라는 대사가 불현듯 떠올랐다.

1797년 1월, 나폴레옹은 북부 이탈리아의 리볼리에서 오스트리아군을 상대로 대승을 거두었고, 이를 기념해서 이 거리에 리볼리라는 이름을 붙였다. 이탈리아인들은 자신들의 의지와 상관없이 강대국들이 국토를 휩쓸고 다니던 시절을 상기하지 않을 수 없고, 오스트리아인들은 나폴레옹에게 겪은 갖은 참패와 굴욕을 떠올릴 수

방돔광장과 리볼리 거리
방돔광장은 주위에 고풍스러운 건물들이 병풍처럼 에워싸고 있는 팔각형 모양의 광장으로, 한가운데에는 나폴레옹의 전승을 기념하기 위해 세운 탑이 있다. 이곳에서 오른쪽으로 가면 오페라가르니에가 나오고, 왼쪽으로 가면 리볼리 거리가 나온다. 루브르에 가기 위해서는 리볼리를 거쳐 가야 하는데, 리볼리 거리는 콩코르드광장에서 생안투안 거리까지

인접해 있으며, 파리 시청 오른쪽에서부터 루브르 사이의 거리를 일컫는다. 나폴레옹이 오스트리아와의 전투에서 승리한 걸 기념하여 19세기에 조성되었으며 현재는 세계적으로 유명한 의상실이 밀집해 있다.

밖에 없다.

현재는 거리 주변의 고급 상점들로 둘러싸인 모습 때문에 떠올리기 어렵지만, 루브르라는 이름은 늑대를 의미하는 라틴어 '루푸스lupus'에서 유래했다. 애초에 이곳은 늑대를 감시하는 초소였던 것이다. 이 초소를 12세기 말에 중세 프랑스에서 가장 영명한 군주였던 필리프 2세가 노르만인들의 공격으로부터 파리를 지키기 위해 요새로 만들었다. 두꺼운 성벽과 탑으로 이루어진 이 무렵의 루브르는 중세 말에 그려진 몇몇 그림에도 등장한다. 도시가 확장되면서 루브르만으로는 파리를 지키기 어렵게 되자 14세기 후반에 국왕 샤를 5세는 파리 주위에 새로운 성벽을 두르고 루브르를 왕궁으로 개조했다. 1527년에 프랑수아 1세가 중세시대의 성을 몽땅 헐어버리고 르네상스 양식의 새로운 궁으로 만들었다. 건축가 피에르 레스코가 설계하고 조각가 장 구종이 건물 안팎의 조각을 만들었다. 중세의 흔적은 현재 루브르 지하 홀에 석벽으로만 남아 있다.

1563년, 이탈리아에서 건너와 앙리 2세와 결혼한 카트린 드메디시스의 지시로 루브르궁 서쪽에 튀일리궁이 건설되었다. 그 뒤, 앙리 4세 때 센강을 따라 그랑드 갈르리가 증축되었는데, 이 회랑이 루브르와 튀일리를 연결했다. 그러다가 루브르는 루이 13세 때인 1624년에 재상 아르망 장 뒤 플레시 리슐리외의 명으로 확장되었고 루이 14세의 재위 초반에 증축되었다. 하지만 루이 14세가 베르사유에 새 궁전을 짓고 파리를 떠나면서 루브르는 궁으로의 기능을 잃게 되었다. 대신에 1682년부터 왕실의 예술품을 관리하고 전시하는 공간으로 탈바꿈했다. 왕립아카데미가 1692년부터 루브르 안에 자리를 잡으면서 비로소 루브르는 걸작을 관리하고 예술에 대한 기준을 제시하는 명실상부한 공간이 되었다.

오늘날 루브르 중정에는 1989년에 완공한 유리 피라미드가 자리를 잡고 있다. 프랑스혁명 200주년을 기념하는 공모전에서 건축가 이오 밍 페이가 제안한 유리 피라미드가 선정되자 대다수 여론은 기존 건축물과 어울리지 않는다며 반발했지만 이제 이 피라미드는 루브르의 상징이 되다시피 했다. 루브르가 피라미드를 품은 것은 일종의 신성모독, 마치 영원한 생명을 위해 이교도의 신에게 영혼을 맡긴 것과도 같다. 과거와 현재, 유럽과 비유럽의 결합이다. 루브르는 특정 시기의 유럽 문화를 대변하는 존재에서 벗어나 보편적인 문화의 상징이 되었다.

그동안 여러 전쟁으로 수많은 건물과 작품이 사라졌다. 루브르는 별 탈 없이 잔혹한 전쟁과 끔찍스러운 파괴를 통과할 수 있었지만, 이는 우연과 행운이 겹친 결과이다. 운명의 화살이 조금만 어긋났더라도 루브르는 폭격과 붕괴를 맞았을 것이다. 우리는 인류의 위대한 성취가 얼마나 위태로운지를 종종 목격하곤 한다. 2019년 4월 15일에 일어난 노트르담대성당 화재는 경악할 만한 것이었다. 200년이 걸려 완공하고 800년 동안 두 차례의 세계대전을 겪으면서도 큰 화를 입지 않았던 대성당이 처음에는 대단치 않아 보이던 화재로 지붕을 몽땅 잃고 심지어 붕괴 위기에까지 다다랐다. 언제나 당연한 것처럼 그 자리에 있으리라 믿었던 기념물이 한순간에 무너질 수도 있다. 노트르담이 무너진다면 루브르도 무너질 수 있다.

루브르의 관람객은 유리 피라미드를 거쳐 지하 홀로 내려간 뒤 그곳에서 방향을 결정해야 한다. 그들은 박물관 입구로 들어가 한 번 지난 곳을 되도록 다시 가지 않고 출구로 나가는 깔끔한 동선을 바랄 것이다. 겹치는 것을 최소화하려면 박물관 지도를 주의 깊게 보며 움직여야 하고, 애초에 염두에 두었던 동선을 끝까지 유지해야 한다. 하지만 곳곳에서 시선을 사로잡는 명작들 때문에, 동선이 꼬이기 마련이다.

루브르는 크게 쉴리관, 드농관, 리슐리외관으로 나뉘어 있다. 물론 세 곳을 모두 보면 좋겠지만 널리 알려진 작품 위주의 관람을 원한다면 쉴리관과 드농관을 중점적으로 둘러보는 것이 좋다. 자, 그렇다면 루브르를 모두 둘러보는 데 얼마나 걸릴까? 한 개 관을 보는 데 여섯 시간 전후로 잡기도 한다. 하루에 최대 아홉 시간을 본다 치면 이틀이면 충분할까? 어림없는 계산이다. 미국 드라마 〈섹스 앤 더 시티〉에서 주인공 캐리는 일주일간 혼자서 파리를 돌아다닌다. 사귀던 예술가가 파리에서 개인전을 준비한다며 그녀를 버려두었기 때문이다. 그녀는 뉴욕의 친구에게 전화를 걸어서 파리의 미술관을 전부 보았으며 이제는 지겨워 죽겠다며 하소연한다. 아마 이 대목에서 의아하게 느낀 이들이 적지 않을 것이다. 일주일 동안 혼자서 파리의 미술관들을 구경할 수 있다면 그것이야말로 축복이고 혜택이 아닌가. 넉넉잡고 보자면 루브르만으로도 일주일을 채우고도 남는다. 루브르를 모두 둘러보는 데 얼마나 걸릴까, 라는 질문을 이렇게도 바꾸어볼 수 있다. 루브르를 얼마 동안 보아야 할까? 볼 수 있는 것을 모두 볼 때까지, 모두 보고 나서는 다시 한번 모든 것을 봐야 한다. 영원히. 남은 평생토록.

　물론 영원의 굴레에 붙들리지 않고 경쾌함을 유지하는 방법도 있다. 장뤼크 고다르의 영화 〈국외자들〉(1964)에서는 세 남녀가 손을 잡고 루브르의 실내를 끝에서 끝까지 뛰어가며 시간을 잰다. 이들은 앞서 어느 미국인이 세웠다는 9분 45초의 기록에 도전한 것이었다. 베르나르도 베르톨루치가 영화의 역사에 대한 오마주로 만들었던 영화 〈몽상가들〉(2003)에서 남녀 주인공들은 〈국외자들〉의 인물들을 흉내 내어 루브르의 실내를 달린다. 아녜스 바르다 감독은 자신의 영화 〈바르다가 사랑한 얼굴들〉(2017)에서 사진가 JR과 함께 직접 루브르를 뛴다.

　파르테논신전에 있던 대리석 조각을 몽땅 뜯다 이어놓은 영국박물관이나 페르가몬의 제단을 통째로 가져다 놓은 베를린의 '박물관 섬'만큼은 아니지만, 루브르는 이집트와 '근동'의 유물을 다수 보유하고 있다. 관람객들은 루브르의 드넓은 공간을 헤매면서도 마치 출석 도장이라도 받으려는 것처럼 몇몇 유명한 작품들을 찾아간다. 이집트의 〈서기상〉도, 함무라비의 석판도 봐야 한다. 물론 다비드가 그린 〈나폴레옹의 대관식〉과 들라크루아의 〈민중을 이끄는 자유의 여신〉도 놓칠 수 없다. 하지만 무엇보다 이 박물관이 모시는 세 여신을 봐야 한다. 〈사모트라케의 니케〉 〈밀로의 비너스〉 그리고 〈모나리자〉.

　그러나 나의 시선을 사로잡은 것은 모사하는 사람들이었다. 과거에는 루브르에서 모사하는 사람이 많았다. 루브르의 실내를 묘사한 그림들을 통해서도 벽 앞에 이젤을 놓고 모사를 하는 이들이 많았

파리의 심장이라 불리는 루브르박물관의 전경과 내부

영국의 대영박물관, 바티칸시국의 바티칸박물관과 함께 세계 3대 박물관으로 거론된다. 기원전 4000년부터 19세기에 이르기까지, 각국의 예술 작품들을 약 40만 점 소장하고 있으며 1991년 센강과 함께 유네스코 세계문화유산에 등재되었다. 1682년부터 왕실의 예술품을 관리하고 전시하는 공간으로 탈바꿈했으며, 1699년 왕립아카데미의 주관하에 이곳에서 최초의 살롱전이 열렸다. 1852년에 황제의 자리에 오른 루이 나폴레옹(나폴레옹 3세)은 파리 대개조의 일환으로 루브르를 정비했고, 센강을 면한 남쪽 갤러리를 개축하는 작업이 1868년에 완료되었다. 1871년 파리코뮌 때 화재로 화를 입었다가 보수공사를 거친 끝에 1884년에 대중에게 다시 공개되었다.

루브르의 소장품들은 마치 건물과 하나였던 것처럼 느껴진다. 〈모나리자〉도 그렇다. 관람객들은 루브르의 다른 모든 미술품을 합친 것보다 〈모나리자〉에 관심이 더 많다. 〈모나리자〉는 루브르의 여러 소장품 중 하나가 아니다. 오로지 〈모나리자〉만을 보기 위해 루브르에 들어오는 이들이 많을 만큼, 루브르는 〈모나리자〉를 모신 신전이라 할 수 있다.

음을 확인할 수 있다. 현재도 루브르에 가면 벽에 걸린 작품들을 모사하는 사람들을 볼 수 있다. 박물관 측에서는 모사 작업을 신청한 전 세계 사람들 가운데서 매년 150명에서 200명에게만 허락을 해준다. 선발된 이들은 어떤 그림을 모사할 것인지 정해놓고, 위작으로 유통되는 것을 막기 위해 원작보다 20퍼센트가량 작은 크기의 화면에 작업하는데 모사 작품의 캔버스 뒷면 나무틀에는 박물관의 인장을 찍어야 한다. 또 관람객이 많은 일요일에는 모사 작업을 할 수 없다. 우리가 보기에는 그저 신기하고 누군가에게는 시대에 뒤떨어진 취미일지도 모르겠지만 모사하는 이들은 진지하다.

모사는 오랫동안 창작의 바탕이었다. 예술가들은 자신의 스타일을 찾고 조형적인 문제를 탐구하기 위해 앞선 시대의 작품들을 모사했다. 미술학교에도 앞선 시대의 작품들을 모사하는 교육과정이 포함되어 있었다. 들라크루아는 루벤스를 모사했고, 그런 들라크루아를 세잔과 반 고흐가 모사했다. 훗날 세잔이 "루브르에서 미술의 언어를 배웠다"라고 했을 만큼 파리에서 공부하던 예술가들에게 루브르는 과거의 작품을 연구할 수 있는 최적의 장소였다.

드가는 에콜데보자르에 입학하기 전인 열여덟 살 때부터 루브르에 드나들며 고전 작품들을 모사했다. 그가 모사한 작품 중에는 만테냐의 〈십자가에 매달린 그리스도〉도 있었다. 드가는 그 그림을 1861년에 모사했는데 원작은 루브르에, 그가 따라 그린 그림은 리옹미술관에 소장되어 있다. 만테냐의 원작에 비하면 드가의 모사본은 아무리 좋게 보려고 해도 그럴 수 없다. 원작은 나무판에 템페라로 그린 그림인데, 템페라 특유의 예리하고 평평한 느낌이 드가의

루브르에서 모사하는 사람들의 모습

앞선 시대의 걸작들을 모사하는 것은 오랫동안 미술교육의 필수 과정이었다. 드가 역시 루브르박물관에 드나들며 거장들의 작품을 따라 그렸다. 지금도 루브르에 가면 이젤을 세워놓고 전시 작품들을 모사하는 이들을 종종 볼 수 있다.

1. 안드레아 만테냐, 〈십자가에 매달린 그리스도〉

목판에 유채, 76×96cm, 1456~1459, 루브르박물관, 파리

2. 만테냐의 〈십자가에 매달린 그리스도〉 모사화

캔버스에 유채, 67×91cm, 1861, 리옹미술관, 리옹

안드레아 만테냐는 파올로 우첼로, 마사초와 함께 초기 르네상스 예술가로 분류되는데, 그는 원근법과 인체 묘사를 터득하여 그림에 적용하는 재미에 취한 듯한 이들 가운데 하나이다. 15세기 중엽에 그가 완성한 〈십자가에 매달린 그리스도〉는 베로나의 성제노성당에 걸려 있었는데, 나폴레옹이 이탈리아 원정을 떠났다가 파리로 가져왔다. 그리스도와 두 도둑이 십자가에 못 막혀 있는 장면을 그린 이 작품을 약 400년이 지난 후에 드가가 따라 그렸으며, 그는 이 작품을 완성하고 난 뒤에 수첩에 다음과 같이 적었다. "베로네세의 영감, 색과 함께 만테냐의 에스프리와 사랑을 추구해야 한다."

모사본에서는 보이지 않는다. 그가 뭉툭한 붓으로 유화물감을 찍어 발랐기 때문이다.

이탈리아에서 르네상스 걸작들을 실컷 보고 온 드가에게 루브르의 소장품들이 성에 찼을 리 없었으리라. 새삼스레 만테냐의 작품을 베낄 까닭도 없었다. 그래서 이 모사화는 전통과 당대를 연결하는 예술가로서의 드가를 보여준다기보다 그 둘 사이에서 방향을 잡지 못한 채 방황하는 그를 보여준다. 1850년대 후반부터 1860년대 초반은 드가에게 여러모로 어중간한 시기였다.

루브르에서 이루어진 마네와의 운명적인 만남

드가가 루브르에서 거둔 가장 큰 성과는 마네와의 만남이었다. 1862년 어느 날, 루브르에서 벨라스케스의 작품을 판화로 옮기고 있던 드가에게 마네가 말을 걸었다. 벽에 걸린 유화를 판화로 옮기려면 일단 밑그림을 뜬 다음에 그것을 판에 옮겨야 하는데, 당시 드가는 판에다가 곧바로 스케치하고 있었다. 그는 온갖 기법을 잘 익히고 잘 다루는 편이어서 그런지 가끔 기본적인 순서를 무시하는 경향이 있었다. 마네의 예리한 눈길이 그것을 놓칠 리 없었다. 그는 눈이 휘둥그레지면서 자기도 모르게 "그렇게도 할 수 있군요?"라며 드가에게 말을 걸었다.

이것이 드가와 마네의 첫 만남이었다. 두 살밖에 차이 나지 않는 데다가 이야기를 나눌수록 서로 마음이 통한다고 느낀 두 사람은

1

2

---

1. 벨라스케스의 〈스페인 왕녀 마르가리타 테레사〉 모사화
18×15cm, 1862~1864, 메트로폴리탄미술관, 뉴욕

2. 디에고 벨라스케스, 〈스페인 왕녀 마르가리타 테레사〉
캔버스에 유채, 70×58cm, 1653년경, 루브르박물관, 파리

스페인의 궁정화가 디에고 벨라스케스는 왕녀 마르가리타 테레사를 여러 차례 그렸는데, 이 그림만은 그의 공방에서 그린 것으로 추정된다. 루브르에서 스페인 화가들을 연구하던 마네의 시야에 이 그림을 판화로 옮기던 드가가 들어왔고, 이것이 두 사람의 첫 만남이었다.

이 만남 이후로 친구가 되었다.

어떤 예술가든 주변 예술가들에게서 영향을 받는다. 때로는 "A가 없었다면 B도 없었다"라고 말할 만큼 결정적인 영향을 받기도 한다. 드가에게 마네는 그런 존재였다. 마네가 아니었더라면 지금의 우리가 떠올리는 드가는 없었다. 그 반대는 성립하지 않는다. 드가가 없었다고 하더라도 마네는 마네였을 것이다.

부유한 부르주아 가문에서 법률가의 아들로 태어난 마네는 해군 사관이 되려 했지만, 시험에 낙방해서 선원 신분으로 대서양을 돌아다녔고, 유럽 여기저기를 여행했다. 화가의 길을 가기로 한 후로는 당시 명망 있는 관학파 화가였던 토마 쿠튀르의 화실에서 6년 동안 공부했는데, 스승과 제자에게 모두 괴로운 시간이었다. 마네가 보기에 쿠튀르의 그림들은 판에 박은 듯했고 쿠튀르의 눈에 마네는 망나니였다.

당시 쿠튀르는 1847년 살롱에 출품한 〈타락한 로마인들〉 덕분에 인기를 얻고 있었다. 그러나 마네는 그의 가르침을 견디지 못하고 그의 아틀리에를 박차고 나왔다. 마네는 과거의 역사나 신화가 아닌 '자기 시대와 함께 보이는 걸 그려야 한다'라고 생각했다. 이러한 그의 생각은 드가에게도 영향을 끼쳤다.

마네와 드가는 살롱에서 인정받고 싶어 했지만 두 사람 다 잘되지 않았다. 살롱의 취향에 맞는 그림을 그리지 못했다. 드가는 살롱의 요구에 맞추어 역사화를 그리려다 보니 맥없이 어정쩡한 영역을 헤매고 다니는 참이었다. 마네는 애초부터 역사화를 거의 그리지 않았다. 지나간 일보다는 현재의 일을 그렸다.

마네는 〈풀밭 위의 점심〉〈올랭피아〉 같은 그림으로 물의를 빚은 것으로 유명하다. 과연 우리는 스캔들에 대한 기록과 증언에서 벗어나서 그의 작품을 '순수하게' 감상할 수 있을까? 만약 마네가 누드를 조금만 덜 과격하게 다루었더라면 그의 작품에 대한 '미학적' 논의만 증류되어 남겨질 수 있었을까? 마네에게 회화는 기본적으로 풍속의 기록임과 동시에 새로운 시각적 질서의 제시였다.

마네의 그림을 보고 있노라면 무엇이 되었든 기묘하고 도발적이고 종종 어처구니없는 느낌이 든다. 그림 속 인물들은 연기력이 부족한 배우들처럼 어색하다. 마네는 원근법을 무시했고 동시대의 다른 화가들처럼 부드러운 필치로 무난하게 입체감을 내지 않았다. 붓질은 시원시원하고 날렵하지만, 전체적으로 완성도도 떨어지고, 밀도도 들쭉날쭉하다. 애초에 그림을 마무리하려는 생각조차 없어 보인다. 그저 대충대충 손이 가는 대로 그린 듯하지만 놀랍게도 조화롭다.

당시까지 화가들은 유화를 그릴 때 캔버스에 짙은 갈색을 칠하는 것으로 작업을 시작했다. 이것을 밑바탕으로 삼아 그 위에 색을 얹어가며 그림을 그렸다. 그런데 마네는 이러한 과정을 생략하고 자신이 원하는 색을 처음부터 칠하며 들어갔다. 작업은 경쾌하게 진행되었고 화면은 밝아졌다. 그러다 보니 젊은 동료들이 마네의 방식을 따라 그리기 시작했다. 한편 마네는 일찍이 스페인을 여행하며 벨라스케스와 후세페 데 리베라의 작품에 매료되었다. 나중에 파리에서는 루브르박물관을 드나들며 이들 스페인 예술가들의 힘차고 단순한 필치, 신비로울 만큼 명료한 검은색을 다시 발견했다.

훗날 마네를 추종했던 인상주의 예술가들은 정치에 대한 발언을 많이 했지만 정작 그림에는 정치적인 내용을 담지 않았다. 하지만 마네의 그림에서는 정치적, 사회적 긴장이 배어 나왔다. 그는 세상의 역동성과 혼란을 담는 예술에 한 발을 담그고 있었고 나머지 한 발은 감각적이고 안일한 예술에 담그고 있었다.

당시 프랑스에서는 1848년에 일어난 2월혁명의 결과로 나폴레옹 1세의 조카인 루이 나폴레옹 보나파르트가 대통령이 되었다. 루이 나폴레옹은 헌법 때문에 연임할 수 없게 되자 임기 말인 1851년에 쿠데타로 권력을 장악했고, 다음 해에 황제의 자리에 올랐다. 그는 자신을 비판하거나 공격할 세력을 신속하게 제압했다. 수많은 사람이 체포되었고 투옥되었으며 추방당했다. 공화국으로서의 프랑스가 겪은 수난에 마네는 경악했고, 이 뒤로 나폴레옹 3세를 줄곧 증오했다. 이후 나폴레옹 3세는 멕시코를 식민지로 삼으려는 야욕으로 그곳에 프랑스군을 보냈고, 막시밀리안을 괴뢰 황제로 내세웠다. 하지만 남북전쟁을 진정시키고 밖으로 눈을 돌린 미국이 압박하기 시작하자 멕시코에서 물러날 수밖에 없었는데 이때 막시밀리안이 멕시코군에게 붙잡혀 총살당했다.

마네는 이 사건을 모티프로 해서 그림을 그렸는데, 바로 〈막시밀리안의 처형〉이다. 이 작품에는 나폴레옹 3세를 향한 그의 분노가 담겼다. 마네가 멕시코군의 복장에 대한 자료를 구할 수 없어서였는지 그림에서 막시밀리안을 향해 총을 쏘는 병사들이 프랑스군의

에두아르 마네, 〈막시밀리안의 처형〉

캔버스에 유채, 252×305cm, 1868, 만하임미술관, 만하임

에두아르 마네는 막시밀리안 황제의 처형 장면을 주제로 한 이 그림을 배경만 달리하여 총 네 점 그렸다. 이 작품의 주제는 나폴레옹 군대가 스페인을 점령한 뒤 마드리드의 민중을 잔혹하게 학살한 장면을 그린 프란시스코 고야의 〈1808년 5월 3일〉에서 영향을 받은 것이다.

복장을 하고 있다. 특히 화면 맨 오른편에서 총을 장전하는 병사의 얼굴은 나폴레옹 3세의 얼굴과 흡사하다. 막시밀리안의 죽음에 나폴레옹 3세가 책임 있다는 통렬한 공격이었다. 마네는 당대의 정치적 갈등과 모순을 날카롭게 의식하고 있었다. 파리코뮌의 희생자를 그리기도 했고 상이군인으로 보이는 사람을 자기 그림에 집어넣기도 했다.

마네에 대한 이야기는 이쯤에서 접고 다시 드가와 마네, 두 사람에게로 돌아가자. 친한 예술가들끼리 서로의 모습을 그린 예는 많다. 드가가 마네의 모습을 여러 차례 그린 것과 달리 마네는 드가의 모습을 그리지 않았다. 한번은 드가가 마네가 소파에 앉아 있고 그의 부인 쉬잔 렌호프가 피아노 치는 모습을 그려 그에게 선물했다. 그런데 현재 이 작품은 쉬잔의 몸이 반이나 잘린 채로 남아 있다. 그림 속 아내의 모습이 마음에 들지 않았던 마네가 그림을 잘라버린 것이다. 며칠 뒤 마네의 집을 방문했다가 잘려 나간 그림을 보고 충격을 받은 드가는 곧바로 그것을 가지고 나왔다.

마네의 〈피아노를 치는 쉬잔 렌호프〉를 보면 드가의 그림에서 잘려 나간 부분을 짐작할 수 있다. 마네는 종종 아내를 실제보다 더 아름답게 그렸다고 한다. 게다가 초상화가로서 드가의 뛰어난 역량을 생각하면 드가가 그린 그림 속 쉬잔의 얼굴이 실제 그녀와 더 닮았으리라 짐작할 수 있다. 그랬기에 마네는 더욱더 드가의 묘사를 용납할 수 없었을지도 모른다.

나무틀에 씌운 캔버스 위에 그린 유화 일부를 잘라낸다는 것이 이해되지 않겠지만, 그림 일부가 손상될 경우, 남은 부분이라도 살

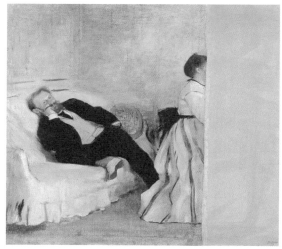

1. 〈마네 부부〉 캔버스에 유채, 65×71cm, 1868~1869년경, 기타큐슈시립미술관, 기타큐슈

2. 에두아르 마네, 〈피아노를 치는 쉬잔 렌호프〉

캔버스에 유채, 38×46.5cm, 1868, 오르세미술관, 파리

드가는 가까이 지내던 마네 부부의 초상화를 그려 마네에게 선물했는데, 쉬잔의 얼굴이 이상
하게 그려진 데 격분해 마네가 그림을 잘라버렸다는 이야기가 전해진다. 잘려 나간 드가의 그
림을 확인할 방법은 없지만, 마네가 그린 〈피아노를 치는 쉬잔 렌호프〉를 통해 그 부분을 유
추할 수 있다. 드가는 마네가 자른 그림을 가져가서 캔버스에 새로이 붙이고 다시 그려보려다
가 결국 포기했다.

려볼 요량으로 잘라내는 일이 있다. 하지만 단지 자기 마음에 안 든다고 애써 그림을 그려준 친구에게 말도 하지 않고 잘라낸 마네의 행동은 어처구니없는 무례였다.

드가에게 이 일은 결투를 신청하거나 인연을 끊어야 할 사건이었다. 하지만 그는 그러지 못했다. 물론 다른 사람들과의 관계에서 아무리 밉살맞아도 절교할 수 없는 경우도 많다. 마네는 그림을 그렇게 만들어놓고도 드가에게 끝내 사과하지도 않았고, 왜 그랬는지도 밝히지 않았다.

마네의 이 같은 행동을 해명하기 위해 그가 부인에 대해 강박을 지니고 있었다는 설명이 동원되기도 한다. 그 설명은 마네와 부인 사이의 석연치 않은 사연과 마네 집안의 어두운 비밀까지 파헤친다(쉬잔에게는 아버지를 밝힐 수 없는 아들이 있었다. 마네의 그림에도 곧잘 등장했던 레옹 렌호프이다). 바닥에 깔린 마네의 심리를 간단히 설명하기는 어렵겠지만 이 사건 자체는 사소한 이유에서부터 비롯되지 않았을까 싶다. 쉬잔이 마네에게 그림에 대해 줄기차게 불만을 표시했기에 그가 어떤 행동을 취해야 했던 것은 아닐까? 얼토당토않은 짓이라는 것을 마네 자신도 너무 잘 알기에 드가에게 변명조차 할 수 없었으리라. 쉬잔이 그림을 보기 싫어해서 그랬다는 말은 더더구나 할 수 없었을 것이다.

마네는 드가가 자신에 미치지 못하며 그저 자신을 열심히 따라오는 존재라고 여겼던 것 같다. 실제로 드가는 마네의 영향을 받은 뒤로 역사화가 아닌 일상적인 주제를 그리기 시작했다. 그를 만나기 전까지는 부질없는 역사화를 붙들며 씨름했고, 어떤 식으로 자신의 주제를 전개해갈 것인지에 대해 방향을 잡지 못하고 있었다.

훗날 인상주의 예술가들이 모였던 카페 게르부아에서 마네와 드가가 서로 빈정거리는 모습이 목격되기도 했다. 마네는 드가가 자기 덕분에 방향을 바꿀 수 있었다며, 자신이 한창 일상을 그리기 시작할 무렵에 드가는 동방의 전설이나 그리고 있었다고 비아냥댔다. 드가는 자신이 일찍부터 경마장을 그렸다며 맞받았다. 이 대목에서는 마네가 옳았다. 1860년대 후반까지 드가는 그의 영향력 아래 놓여 있었다.

양상이 달라지기 시작한 것은 1870년대 들어서면서였다. 1874년에 첫 번째 인상주의 전시회가 열렸는데 이 전시회를 드가가 주도했다. 마네는 전시회에 참여하지 않았다. 전시회를 놓고 드가는 적극적인 입장이, 마네는 수동적인 입장이 되었다. 마네를 추종한 다른 젊은 예술가들도 그가 당연히 전시회에 참여하리라 여겼다. 하지만 마네는 비주류의 전시회에 출품하는 대신에 어떻게든 살롱의 문턱을 넘어서고자 했다. 제임스 티소에게 마네가 불참한다는 소식을 전하는 드가의 편지는 신랄하다 못해 서슬이 퍼럴 지경이다. "마네는 멀찍이 떨어져 있기로 굳게 마음먹은 것 같소. 그걸 후회하게 될 날이 올지도 모르오. (…) 아무리 생각해보아도 그에게는 지성보다 허영이 더 많은 것 같소."(피에르 카반느, 『DEGAS』, 김화영 옮김, 열화당, 73쪽)

드가는 마네가 부르주아적인 명성에 매달린다며 맹렬히 비난했다. 체면을 중시한 마네는 자신이 스캔들의 주도자로 지목되는 것이나, 아웃사이더의 이미지를 얻게 되는 것을 몹시 꺼렸다. 이 또한 드가와 묘하게 대비된다. 드가는 주변부에 서는 것을 두려워하지 않았다. 그가 보기에 마네는 담대하고 탁월했음에도 자신의 위치를 몰랐다. 어쩌면 드가는 마네의 한계를 확인하고 내심 안심했을지 모른다. 어쨌든 인상주의 전시회를 준비하는 과정에서 드가는 비로소 마네로부터 독립했다.

마네가 나이 쉰을 갓 넘기고 세상을 떠난 뒤, 그의 작품을 정리하던 양아들 렌호프는 〈막시밀리안의 처형〉을 처치 곤란한 작품으로 여겼다. 자리만 차지한다 싶어 액자에서 꺼내 말아서는 처박아두었다가 어떻게든 팔아보려고 작품을 조각조각 잘라냈다. 드가가 백방으로 애를 쓴 끝에 이 그림의 조각들을 대부분 찾아낼 수 있었다. 드가는 그림 조각들을 새로이 마련한 캔버스에 붙였다. 마네는 애초에 〈막시밀리안의 처형〉을 네 가지 버전으로 완성했는데, 그중 한 점은 만하임미술관이 소장하고 있고, 조각났던 다른 한 점은 드가가 세상을 떠난 뒤 경매를 통해 런던의 내셔널갤러리가 가지게 되었다. 나머지 두 점은 각각 보스턴미술관과 글립토테크미술관이 보관하고 있다.

드가는 손님들에게 이 그림을 보여줄 때마다 "하여튼 가족을 조심해야 하오!"라며 그림을 망친 마네의 가족을 성토했다. 마네는 드가의 그림을 잘랐다가 자신의 그림이 잘렸고, 그것을 드가가 다시 붙였으니 얄궂은 노릇이었다. 그리고 마네와 드가, 이 두 사람이 19세기 회화에서 화면 속의 인물을 가장 '잘 자르는' 이들이었다는 점도 역설적이다. 마네가 드가의 그림을 '실제로' 자른 사건은 지금

에두아르 마네, 〈막시밀리안의 처형〉

캔버스에 유채, 193×284cm, 1867~1868, 내셔널갤러리, 런던

이 작품은 네 조각으로 나뉜 채 온전하지 못한 상태로 런던 내셔널갤러리에 소장되어 있다. 마네의 양아들 레옹 랜호프는 그림을 가르면 더 잘 팔리리라 생각했다. 대체 무엇이 그에게 이런 생각을 불어넣었을까? 너무나 어처구니없는 짓이어서 이런 상상도 해본다. 어쩌면 그가 어렸을 때 드가의 그림을 자르는 마네의 모습을 보았고, 그것이 기억의 밑바닥에 가라앉아 있다가 떠올랐던 것은 아닐까?

보기에 어딘가 재미없고 독하기만 한 농담 같다. 정작 드가가 화면 속의 인물과 사물을 자르는데 너무도 뛰어났기 때문이다.

나는 미술대학에 입학하려고 석고 데생과 수채화를 배웠던 세대이다. 석고 데생은 석고상을 화면에 무난하게 배치하면 되었지만, 수채화는 여러 기물을 화면에 담다 보니 어떤 것은 화면에 모두 넣을 수 없어 화면 가장자리에서 잘라야 했다. 어쩔 수 없이 자르더라도 어떤 물건을 절반 이상 잘라서는 안 된다는 법칙을 배웠다. 그런데 드가의 작품을 보면서 우리 세대가 이미 인상주의 시대에 깨진 법칙을 좇고 있었음을 깨달았다. 드가는 줄기차게 가장자리를 잘랐다. 그런데 마네 또한 화면의 가장자리를 잘랐다. 그렇다면 이 또한 드가가 마네에게서 배운 기법일까?

마네의 여러 다른 기법처럼 '절단' 또한 드가가 배운 것일 수도 있다. 하지만 분명하지는 않다. 마네는 초기작에서부터 화면 가장자리에서 인물을 반으로 뚝 자르곤 했다. 훗날 왕성하게 활동할 때도 그런 수법을 내보였다. 그러나 마네가 이렇게 과격하게 자른 예는 손을 꼽을 정도이다. 드가는 여러 작품에서 이런 수법을 구사했다. 자르는 방식에서도 두 사람은 조금 달랐다. 마네는 마치 자신이 이렇게나 아무렇게 그린다는 걸 과시하려는 것처럼 잘랐다. 그가 그린 〈오페라극장의 가면무도회〉를 보면 인물들이 화면 왼쪽과 위쪽으로 투박하게 잘려 나가 있다. 하지만 드가는 신중하고 주의 깊게 잘랐다. 그의 절단은 섬세하고 아름답다. 여러 명의 발레리나가 옷매무새를 다듬고 줄지어 연습하는 모습을 그린 〈발레 수업〉은 화면 좌측 위쪽에서 계단을 따라 아래쪽으로 내려오는 발레리나들의

1. 에두아르 마네, 〈오페라극장의 가면무도회〉

캔버스에 유채, 59.1×72.5cm, 1873, 워싱턴국립미술관, 워싱턴 D. C.

2. 〈발레 수업〉 캔버스에 유채, 47.6×62.2cm, 1873년경, 코코런미술관, 워싱턴 D. C.

마네의 그림은 오페라극장에서 부유한 신사들이 발레리나들과 어울리는 가면무도회를 묘사한 것이다. 마네는 화면의 좌우와 위쪽을 무지막지하게 잘라 검은색 옷을 입은 신사들이 어딘가로 밀도 끝도 없이 흘러가는 덩어리처럼 보이도록 연출했다. 반면 드가의 그림은 화면에서 인물을 절단하더라도 훨씬 짜임새가 있다. 〈발레 수업〉에서는 왼쪽 위쪽에서 나선계단을 따라 내려오는 발레리나들의 다리만 보이는데, 그녀들이 만들어내는 흐름이 연습실 한복판에서 연습하고 있는 발레리나들과 어우러지면서 화면에 우아한 곡선과 리듬을 부여한다.

다리만 보이게끔 되어 있다. 이 발레리나들의 다리는 화면에 역동적인 변화를 부여한다.

　미국의 미술사학자 린다 노클린은 『절단된 신체와 모더니티』에서 19세기 회화에 이런 식으로 곧잘 나타나는 절단은 프랑스혁명 이래 자아가 파괴되고 사회체제가 해체되는 양상이 미술에 반영되었다며 설명한다. 근대의 익명성과 우연성, 가변성이 이러한 작업으로 연결되었다는 것이다. "절단된 신체"라고 했을 때 이는 말 그대로 잘린 몸을 회화나 조각으로 묘사한 것을 가리키기도 하고, 회화나 사진에서 인물이 온전한 모습이 아닌 일부가 화면 밖으로 나간 모습을 지칭하기도 한다. 요컨대 작품들이 시대의 징후를 드러낸다는 것이다. 노클린의 성긴 설명은 드가의 작품을 주의 깊게 살펴보는 것으로 그 틈을 메울 수 있다.

야외로 나간 예술가들

　드가의 삶에는 극적인 요소가 별로 없다. 하지만 그는 격동기에 놓인 19세기 프랑스 사회의 한복판을 통과하고 있었다. 사실 어떤 예술가든 격동기에 살았다고, 정치적, 사회적 변동과 기술적 발전의 틈바구니에 끼어 그걸 헤쳐 가며 자신의 예술을 개척했다고 말할 수 있을 것이다. 그러니 한 예술가의 생애와 작품을 이해하기 위해서는 당시 그가 놓여 있던 시대적 상황을 살펴보아야 한다.

　드가가 살았던 19세기 프랑스는 여러 차례의 혁명과 소요와 전쟁, 기술의 발전과 사회적 갈등을 경험했고 그에 따라 예술을 둘러싼 기준과 유행 역시 커다란 변화를 겪었다. 1870년부터 1871년까지 파리는 프로이센·프랑스전쟁과 파리코뮌이라는 전쟁과 내전에 휩쓸렸다. 프로이센과 전쟁을 시작한 지 두 달 만에 프랑스군은 참패했다. 나폴레옹 3세의 치세는 군사적인 영광과 대외적인 확장으로 유지되고 있었기에, 패배하면 권좌를 지킬 수 없었다. 황제 자신도 이를 너무나 잘 알고 있었다. 말을 타고 전장을 돌아다닐 때 치질 때문에 안장으로 피가 새어 나올 지경이었지만 황제는 고통을 느끼지 못했다. 오로지 전장에서 적군의 포격에 죽기만을 바랐다. 하지만 뜻대로 죽지 못했고 프로이센군의 포로가 되었으며 자신의 제국이 무너지는 것을 바라봐야 했다. 황제가 패하자 파리에서는 봉기가 일어났다. 시민들은 통치자를 다른 사람으로 바꾸는 것으로 만족하지 않고, 새로운 체제를 원했다. 그리하여 최초의 사회주의 정권인 파리코뮌이 성립했다. 하지만 베르사유의 공화정부는 파리에 진입하여 코뮌 가담자들을 무자비하게 학살하고 부르주아 공화정, 즉 제3공화국을 수립했다.

이런 격변 속에서 예술가들도 수난을 겪었다. 게르부아 그룹의 의욕적인 일원이었던 프레데리크 바지유는 전쟁에서 스물아홉 살이라는 이른 나이에 전사했다. 또, 드가와 친했던 티소는 파리코뮌에 연루되어 프랑스를 떠나야 했다. 드가는 국민방위군의 포병대에 배속되어 전장과 먼 곳에서 복무했다. 이 시기에 게르부아 그룹에서 예술적 성취를 이룬 사람은 모네와 피사로뿐이었다.

파리코뮌이 지나간 뒤, 예술가들은 다시 카페 게르부아에 모였

파리코뮌 당시 바리케이드를 친 파리 시민들

프로이센·프랑스전쟁에서 프랑스가 패배하고 나폴레옹 3세의 제2제정이 몰락하는 과정에서, 프랑스에서 일어난 민중 봉기이다. 혁명정부는 72일간 존속하면서 민주적인 개혁을 시도했으나 정부군과 연합군에 의해 무너졌다. 이 과정에서 파리 골목마다 바리케이드가 쳐졌으며, 이를 사이에 둔 치열한 시가전이 일주일간 이어졌다. 드가는 파리코뮌이 수립될 당시 발행송의 벌장이 있는 노르망디의 메닐위베르에 머무르고 있었으며, 파리로 돌아와서는 파리코뮌 지지자들에 대한 무차별적인 진압을 공공연히 비난했다.

다. 하지만 더는 그들이 살롱에서 빛을 보기는 어려울 것 같았다. 전쟁과 내전을 겪으면서 경제적으로 위축된 시기에 살롱은 더욱 보수적인 취향과 기준을 고수할 것이 분명했다. 그래서 그들은 살롱의 권위주의적인 심사 위원들의 손에 작품의 생사여탈권을 맡기지 않고 독립적으로 전시회를 해야겠다 생각했다. 그러한 생각은 모네의 "차라리 우리끼리 돈을 모아서 전시회를 열어봅시다"라는 말을 시작으로 점차 구체화되었다. 이리하여 1873년에 '무명의 화가, 조각가, 판화가 협회'가 출범했다. 그리고 이들에게 '인상주의'라는 이름이 부여되었다. 이들의 첫 번째 전시회는 1874년 4월 15일, 카퓌신 거리에 있던 사진가 나다르의 스튜디오에서 열렸다. 이 무렵 사진이 회화의 목을 죄기 시작했던 것을 떠올리면 여러모로 역설적이다.

1839년 8월 19일, 프랑스 정부는 루이 자크 망데 다게르라는 예술가에게서 사진 발명품의 특허권을 사들였음을 공포했다. 이 발명품은 다게르의 이름을 따서 '다게레오타이프daguerreotype'라고 명명되었다. 이로써 사진이 역사의 전면에 등장했다. 다게르가 만든 사진은 은판에 감광액을 발라 빛을 받으면 감광액이 녹아 날아가면서 형상이 나타나도록 한 것이었다. 초기의 사진은 기술적으로 매우 소박했지만 여러 연구자가 저마다 맹렬히 연구를 진행한 덕분에 빠르게 발전했다.

사진은 미술의 흐름을 결정적으로 틀어놓았다. 일단 화가들은 초상화의 고객 대부분을 잃었다. 사진이 처음 등장했을 때는 감광에 시간이 걸렸기 때문에 움직이는 존재는 사진에 담을 수 없었지만, 기술이 거듭 발전하면서 사진기 앞에 몇 분만 앉아 있으면 초상 사

19세기 사진 스튜디오

사진이 발명되자마자 초상 사진이 커다란 인기를 끌었다. 하지만 초기에는 카메라 앞에 오랫동안 앉아 있어야 했기 때문에 이 사진에서처럼 모델의 머리를 고정쇠로 붙잡아두었다.

진을 얻을 수 있게 되었다.

당시 화가들은 회화는 사진이 보여줄 수 없는 것, 회화만이 보여줄 수 있는 것을 추구해야 한다는 생각을 어렴풋이나마 했다. 그때까지 사진은 색채를 재현할 수 없었으니 회화는 색채에 더욱 집중했다. 또, 사진이 사물과 인물을 고스란히 옮길 수 있었으므로 회화는 정교함과 사실성으로 사진과 겨루는 대신에 다른 방법을 찾아야했다.

인상주의는 당대의 사회적, 기술적 요인이 복합적으로 작용하여 생겨난 사조이다. 사진뿐 아니라 튜브물감과 철도도 미술계를 바꾸어놓았다. 지금은 미술을 전공하는 학생들조차 옛 화가들이 유화를 그리던 방식을 짐작도 못 하지만, 과거에는 안료를 빻아서 기름에 개어서 화면에 칠했다. 빻고 개는 일은 시간이 걸리고 힘들었으며 이렇게 만든 물감은 쓰다가 남더라도 얼마 지나지 않아 굳어버려 다시 쓸 수 없었다. 화가는 그림을 그릴 때마다 안료를 준비하는 데 품을 들여야 했다. 1840년대에 금속 튜브에 주입한 유화물감의 판매가 이루어졌다. 이제 튜브의 마개를 열고 물감을 팔레트에 짜기만 하면 되었다. 튜브의 마개만 잘 닫아놓으면 오래도록 보관 가능했고 필요할 때마다 열어서 쓸 수 있었다. 튜브물감 덕분에 화가들은 야외에서 그림을 그릴 수 있었다. 물론 튜브물감이 나왔기 때문에 화가들이 야외로 나간 것은 아니었다. 야외에서 그림을 그린다는 것은 캔버스에 담을 만한 것이 그곳에 있었다는 것을 의미한다. 중산층 시민들은 대도시 근교로 돌아다닐 만한 여유를 누렸다. 바구니에 음식과 술을 담아서 때마침 운행을 시작한 기차를 타고 소

풍을 나갔다. 마네의 〈풀밭 위의 점심〉에 담긴 장면도 바로 이런 소
풍이었다. 시민들이 야외로 나가니 화가들도 따라나선 셈이었다.

순탄하지 않은 인상주의

인상주의는 필연적인 사조이자 유례없는 사조이다. 우리가 미술
사 하면 자연스럽게 떠올리는 거의 모든 것이 인상주의와 관련 있
다. 이를테면 이런 것들이다. '미술의 역사는 계승이라기보다 혁신
이고, 앞선 것을 긍정하는 것이 아니라 부정하고, 기성 체제에 순응
하기보다 반항하며 발전을 거듭해왔다' '예술가들은 중간계급이나
그보다 낮은 계급 출신이다' '훌륭한 예술은 당대에 인정받지 못한
다' 등등. 물론 이 모든 것은 실제와 조금씩 어긋난다.

인상주의는 과거 어느 사조보다도 고객의 성향과 필요에 적극적
으로 부응했다. 인상주의 회화 작품은 부르주아들이 쉽게 구입할
수 있도록 화면이 작았으며, 여기에는 복잡한 상징이나 이야기도
없이 직접적이고 감각적인 이미지가 담겼다.

널리 알려진 것처럼 인상주의는 그 유파에 대한 조롱을 이름으로
삼은 첫 번째 예이다. 나중에 야수주의와 입체주의가 그 뒤를 이었
다. 물론 들라크루아가 겪은 수모라든가, 쿠르베가 벌인 소동 같은
선례가 있지만, 인상주의만큼 전면적인 부정을 겪은 예는 지금까지
없었다. 그럼에도 인상주의 예술가들은 찬사를 듣지 않는 것도 괜
찮고, 오히려 그것이 더 낫다고 생각했다. 1867년의 살롱에 낙선한

바지유는 부모에게 이런 편지를 썼다.

제 그림이 낙선되었습니다. 하지만 속상해하실 필요는 없습니다.
오히려 올해 살롱에 출품된 뛰어난 작품들과 같은 운명에 처한 것
이라고 여겨야겠지요.

물론 문제는 그리 간단하지 않았다. 짐짓 반항적인 예술가라도
내심 환영받기를 원하기 마련이다. 인상주의는 고답적인 관립 전시
회의 기준에서 벗어난 부르주아 관람객을 기대했다. 하지만 프랑스
부르주아의 취향은 인상주의 예술가들의 기대보다 더 고루하고 보
수적이었다.

첫 번째 인상주의 전시회는 큰 주목을 받지 못했다. 일단 관람객
이 무척 적었다. 살롱의 관람객이 30만 명을 웃돌았던 것과 달리 한
달 내내 3500명이 다녀갔다. 덜 그린 것처럼 보이는 풍경화들, 찰나
의 인상만을 좇은 것 같은 그림들은 비웃음을 샀다. 비평가 루이 르
루아는 《르 샤리바리》에 실은 평문에서 모네의 〈인상, 해돋이〉를
가리키며 "나는 이 작품에서 인상을 받기는 했다. 대체 무엇을 그린
것일까? 벽지라도 이 그림보다는 낫다"라고 했다. 이 글에서 '인상
주의'라는 명칭이 생겼다.

이 명칭을 놓고 인상주의 일원들 간의 입장이 갈렸다. 모네를 비
롯해 풍경화를 주로 그린 이들은 이 명칭을 선선히 받아들였지만
드가는 이를 좋아하지 않았다.

또한 그는 지금의 우리가 인상주의 미술의 특징이라고 여기는 것

을 좋아하지 않았다. 노년에 풍경화를 그리기는 했지만, 대체로 풍경화를 꺼렸다. 또, 모네나 시슬레처럼 이젤을 들고 다니며 야외에서 작업해 작품을 만들어내는 걸 싫어했다. 비록 농담이라지만 야외에서 그림을 그리는 화가들을 가리켜 "내가 정부 관계자라면 경찰관을 보내서 그들을 감시할 거야"라며 거의 적개심에 가까운 감정을 드러냈다.

1874년 3월, 그러니까 첫 번째 전시회가 열리기 한 달 전에 드가가 영국에 머물던 티소에게 전시에 관련된 계획을 편지로 이야기한 것만 보더라도 그가 추구한 예술의 방향이 무엇이었는지를 확인할 수 있다.

> 일이 잘 진행될뿐더러 지금까지는 열성을 가지고 하고 있고, 성공할 것 같네. (…) 사실주의 운동은 이제 다른 사조와 싸울 필요가 없어. 이미 여기에 존재하고 있으니까 말일세. 지금까지의 것과는 다르다는 것을 보여주어야겠지, 아마 사실주의자들의 살롱이 될 걸세.
> ─ 제프리 마이어스, 『인상주의자 연인들』, 김현우 옮김, 마음산책, 249쪽

드가는 자신을 '사실주의' 예술가로 생각하고 있었다. 애초에 그는 살롱에서 자신의 작품이 받은 대접에 만족할 수 없었다. 드가의 주변 예술가들은 그의 탁월함을 알아보았지만, 그는 그것만으로는 성에 차지 않았다. 1870년에 드가는 살롱에 마지막으로 출품하면서 「살롱 심사 위원들에게 보내는 공개서한」을 《르 프티 주르날》에 발표했다. 이 글에서 그는 작품을 두 줄 이상 걸지 말 것, 각각의 작

품은 적어도 20~30센티미터 간격을 두고 걸 것을 주장했다. 이는 모두 드가 자신이 살롱에 출품하면서 겪은 문제점에 대한 지적이었다. 출품작들이 너무 많았기에 좋은 위치에 걸리기도 어려웠고, 벽면을 가득 메운 작품들 속에서 미묘하고 독특한 작품들은 눈에 띄지 못했다. 또, 대중은 자신의 작품에 별로 관심이 없어 보였다. 드가는 이런 체제에서는 자신의 작품이 주목받기 어려우리라고 생각했다.

첫 번째 인상주의 전시회에 드가는 〈경마장의 풍경〉〈무대 위의 발레리나〉〈뉴올리언스의 면화 거래소〉〈압생트를 마시는 사람〉 등 열 점을 출품했다. 하나하나 밀도가 높고 개성이 뚜렷한 작품들이었다. 그의 그림은 그나마 비평가들이 납득할 수 있는 것들로, 당대의 일상을 포착한 풍속화로 받아들여질 수 있었다. 하지만 이 전시는 주목도 받지 못하고 작품도 거의 팔리지 않은 채로 끝이 났다.

드가는 실망했지만 계속하여 그룹을 이끌었다. 1886년까지 여덟 차례 개최된 인상주의 전시에 그는 한 차례를 제외하고는 모두 참여했다. 그는 전시회의 개최와 운영 방식, 참가할 예술가들에 대해 자신의 주장을 강력하게 내세웠는데, 이는 다른 멤버들의 의견과 엇갈릴 때가 많았다. 대체로 그는 자신이 바라는 대로 그룹을 이끌어 갈 수 있었다. 예술가로서 드가의 역량에 대한 멤버들의 존경 그리고 그룹에 대한 드가의 적극성 때문이라고 할 수 있겠다.

하지만 자료를 찾다 보니 드가의 나이를 거론하는 주장도 있었다. 첫 번째 인상주의 전시회가 열린 1874년 드가는 마흔 살을 목전에 두고 있었다. 그보다 두 살 많은 마네가 전시회에 참여하지 않았으니 대부분의 일원이 드가보다 나이가 어렸다. 모네와 르누아르,

두 사람은 서른세 살이었다. 물론 나이도 어느 정도 작용했겠지만, 그것만으로는 설명되지 않는다. 그룹에는 드가보다 네 살 더 많은 피사로도 있었기 때문이다. 맏형으로서 피사로는 멤버들 간의 반목을 수습하고 불만을 토로하는 예술가들을 다독이느라 힘을 썼지만, 그룹의 방향에 대해 확고한 주장을 내세우지는 않았다.

인상주의 그룹에서는 일단 협회의 회원으로 가입하면 심사를 받지 않고 자유롭게 작품을 전시할 수 있었다. 그렇다면 회원 자격은 누가 심사할까? 기성 회원들이 한다. 그런데 새로운 일원을 받아들이는 문제를 둘러싸고 기성 회원들끼리 의견이 갈린다면 어떻게 될까? 그들도 협회에서 차지하는 비중이 서로 다르고 발언의 무게도 같지 않을 테니, 누군가는 주도하고 누군가는 반발하거나 끌려갔을 것이다. 이 문제는 두고두고 협회를 괴롭혔다. 특히 드가가 새 일원을 들이는 문제를 놓고 다른 기성 회원들과 갈등을 빚었다. 드가가 일곱 번째 인상주의 전시회에 출품하지 않았던 것은 이 때문이었다.

애초에 인상주의 그룹은 살롱에 전망이 없다고 생각해 모인 이들이었지만, 역설적으로 살롱은 이 그룹이 겪은 갈등의 근원이었다. 게다가 점차 인정을 받게 된 화가들이 욕심을 내기 시작했다. 1880년에 모네와 르누아르, 시슬레가 살롱으로 되돌아갔다. 그럼에도 살롱에 대한 드가의 생각은 완고했다. 그는 인상주의 전시회에 출품하게 된 이후로는 살롱에 작품을 내지 않았고, 모네가 살롱에 출품한 것을 배신행위로 여겼다. 사실 드가가 강경한 자세를 고수하지 않았더라면 이 대목에서 인상주의 그룹은 와해를 피하기 어려웠을 것이다. 인상주의 그룹이 독립성을 지키며 이어갈 수 있었던 것은 결성 당시의 입장을 관철한 드가 덕분이었다.

기성 일원들이 빠져나간 자리를 당시 파리에서 활동하던 이탈리아의 예술가들이 메웠다. 주세페 데 니티스와 페데리코 잔도메네기였다. 지금의 우리가 보기에 그들의 스타일은 안온하고 절충적이다. 카유보트가 이탈리아 화가들의 합류를 강력하게 반대했지만, 드가는 밀어붙였다. 이때 피사로가 드가 편을 들었다. 그는 드가가 메리 커셋을 비롯한 여러 화가를 불러들였고 심지어 반대하던 카유보트조차도 드가가 불러들였던 사실을 상기시켰다. 하지만 너그러운 피사로조차 드가에게 불만이 있었다. 마지막 인상주의 전시회가 열렸던 1886년에 모네에게 보낸 편지에 그는 전시가 정체 상태에 봉착했다며 이렇게 썼다. "드가는 아무 신경도 쓰지 않고 있습니다. 작품을 팔아야 할 이유도 없는 사람이고, 우리 모임이 아니더라도 커셋 양이나 다른 몇몇 화가들을 데리고 다닐 수 있을 테니까요."(『인상주의자 연인들』, 251쪽)

이 대목에서 드러나는 것은 인상주의 예술가들이 예술적인 지향점 외에 계급적인 측면에서도 차이가 있었다는 점이다. 드가와 마네, 카유보트, 베르트 모리조, 커셋은 부유한 집안 출신이었고, 모네와 르누아르는 형편이 안 좋았다. 특히 르누아르는 재봉사 집안에서 태어나 일찍부터 돈을 벌기 위해 도자기에 그림을 그리면서 예술계에 발을 들여놓았다. 그런데 가장 가난했던 르누아르의 그림이 가장 따스하고 행복한 느낌을 준다. 그에게는 대중의 사랑이 당장 필요했기 때문이다. 반면 드가와 커셋, 카유보트는 냉랭하고 세련

마지막 인상주의 전시회가 열렸던 라피트 거리

파리 9구에 있는 라피트 거리에서 여덟 번째이자 마지막 인상주의 전시회가 1886년 5월과 6월에 걸쳐 열렸다. 마지막 전시에서 드가는 몸을 씻고, 수건으로 물기를 닦고, 머리를 빗거나 빗겨주는 여성들의 누드를 그린 연작으로 관심을 불러일으키며 비평가들의 호평을 얻었다. 한편 이 전시회에서 조르주 피에르 쇠라가 〈그랑자트섬의 일요일 오후〉라는 기념비적인 대작을 선보이며 신인상주의의 등장을 알렸다.

앙리 판탱라투르, ⟨바티뇰의 아틀리에⟩

캔버스에 유채, 204×273.5cm, 1870, 오르세미술관, 파리

이 작품은 바티뇰에 있던 마네의 아틀리에를 묘사한 것으로, 새로운 사조를 주도했던 마네에
대한 경의를 담았다. 캔버스 앞에 앉아 붓을 든 이가 마네이고, 맨 앞 의자에 앉은 이는 화가이
자 비평가인 자사리 아스트뤼크이다. 뒷줄의 인물들은 왼쪽부터 독일인 화가 오토 숄더러, 르
누아르, 그리고 에밀 졸라, 미술품 수집가 에드몽 메트르, 얼마 지나지 않아 프로이센·프랑스
전쟁에서 전사한 화가 프레데리크 바지유이고, 오른편 구석에 숨다시피 서 있는 이가 클로드
모네이다.

된 스타일을 보여준다.

이처럼 대부분의 인상주의 예술가들이 지향했던 중심부에서 비켜나 주변부에서 움직이던 드가의 행보는 그의 부유한 배경과 관련 있었다. 당장 작품을 팔지 않아도 되었던 그는 멀리 내다보면서 미술계에서 자신의 성격을 분명하게 드러내며 존재감을 높이는 방향으로 움직이려 했다.

드가는, 인상주의를 단순하게 정의하고 분류하려는 시도를 방해하는 존재이다. 인상주의에 대한 후대의 서술은 은연중에 '순수한 인상주의'를 구별하려 한다. 하지만 '순수한 인상주의' 전시회를 굳이 따지자면 1874년의 첫 번째 전시회뿐이었는데, 그마저도 드가가 이 전시를 주도했다는 사실이 역설적이다.

그는 대체로 동료들에게 관대했고, 이른바 주변부의 인물들에게 관심을 기울였다. 피사로가 지적한 대로, 새로운 일원을 들이는 문제를 놓고 드가를 비난했던 카유보트조차 처음에는 다른 이들의 반대를 물리치며 드가가 가입시킨 예술가이다. 막판에 인상주의 전시회에 합류한 고갱은 그룹을 운영하는 방식을 놓고 드가를 비난하기도 했지만 정작 드가는 예술가로서 고갱의 가능성을 높이 사며 옹호했다. 또, 드가가 아니었더라면 미국인이자 여성인 커셋은 인상주의 그룹에 아예 들어올 수도 없었을 것이다.

커셋은 중반부터 합류했지만, 또 다른 여성인 모리조는 첫 번째 인상주의 전시회부터 참여했다. 모리조는 마네에게서 그림을 배웠고, 마네의 그림에도 모델로 여러 차례 등장했다. 모리조는 첫 번째 인상주의 전시회에 출품하고 싶었지만, 집안에서도 반대하고 스승인 마네도 반대했다. 이때 드가가 모리조를 격려하고, 그녀의 부모에게 편지를 보내는 등 사방으로 손을 썼다. 그녀의 그림이 인상주의 전시회에 걸린 것은 화가 자신을 빼면 오로지 드가의 공이었다.

이렇듯 드가는 전체적으로는 보수적인 것처럼 보이지만, 의외로 권위나 규준, 범주에 얽매이지 않았다. 그가 아니었더라면 인상주의 그룹은 프랑스 남성 화가의 작은 무리에 머물렀을 테지만, 드가가 전시회를 주도한 덕분에 인상주의는 이질적이고 복합적인 사조가 되었다. 바꾸어 말해 그만큼 더 풍성해졌다.

처음 몇 년 동안 인상주의 미술에 대한 대중의 반응은 차가웠지만 점차 인정을 받기 시작했다. 그리고 화상 뒤랑뤼엘이 일찍부터 인상주의 예술가들의 작품을 사들인 덕분에 그들의 형편이 조금씩 풀렸다. 하지만 이들 작품이 잘 팔리지 않았기에 뒤랑뤼엘은 점점 곤란한 지경이 되었다. 파산 위기에 몰린 그는 인상주의 작품 300점을 꾸려서 뉴욕으로 떠났다. 미국인들은 프랑스인들처럼 인상주의 회화를 조롱하는 대신에 찬사를 보내며 사들였다. 애초에 고전적인 미술의 전통이 없었던 미국에서 신흥 부르주아들은 프랑스의 문화를 선망했고, 감각적인 인상주의 회화를 거리낌 없이 받아들였다. 한편으로 미국 상류층에 인맥이 두터웠던 커셋이 인상주의 회화가 얼마나 뛰어난지를 설파하고, 투자 상품으로도 가치가 있다는 것을 열심히 강조했다. 운이 좋게도 '설탕왕' 헤브마이어의 부인 루이진이 커셋의 소꿉친구였다. 헤브마이어 부부는 정력적으로 인상주의 회화를 수집했고, 이들의 소장품은 뒤에 메트로폴리탄미술관의 보물이 된다. 인상주의의 명성은 역수입되었고, 프랑스 대중은 느릿 느릿 이 새로운 사조를 받아들였다.

오르세의 드가는 경이롭다

파리에 간대도 미술관에는 가지 않겠다는 사람들을 이따금 보았다. 미술관 자체가 취미에 맞지 않아서일 수도 있지만, 루브르의 방대함에 대한 악명에 지레 질린 경우도 적지 않은 듯했다. 파리에서 미술관이라면 필수적으로 루브르인데, 그곳은 너무 넓은 데다가 작품도 많아서인지 시도조차 하지 않고 포기한다. "넓은 미술관이라도 잠깐 들어가서 조금이라도 보고 나오면 됩니다"라고 해도 통하지 않는다. 일단 들어가면 입장료가 아까워서라도 다 보고 나와야 하는데 그것은 불가능하기에 차라리 안 가겠다는 것이다. 이런 사람들에게 권할 수 있는 곳이 반나절이면 보고 나올 수 있는 오르세 미술관이다.

오르세는 복잡한 루브르와 달리 단일 공간으로 이루어져 있다. 한복판의 높고 긴 통로를 중심으로 좌우에 작품들이 걸려 있는데, 이 통로는 과거에 철로가 있던 자리다. 여기에 마치 미술사의 새로운 출발역인 양 미술관이 들어앉았다. 루브르는 역사의 토대 위에 피라미드처럼 버티고 앉아 있지만, 센강 맞은편의 오르세는 전통의 무게를 벗고는 어딘가로 떠나려는 모습이다.

오르세의 중앙 통로 한복판에는 쿠튀르가 1847년 살롱에 출품하여 커다란 반향을 불러일으켰던 〈타락한 로마인들〉이 자리를 잡고 있다. 가로 길이만 하더라도 8미터 가까이 되는 대작이다. 로마제국이 멸망한 이유를 도덕적인 타락에서 찾고 있으며, 그런 제국의 전철을 밟지 않기 위해 경계해야 한다는 가르침을 담은 작품이다. 이 그림을 보면, 웅장하게 꾸며진 실내에서 로마의 남녀가 뒤섞여 술에 취해 난잡하게 놀고 있다.

이 밖에도 오르세에는 쿠르베와 장 프랑수아 밀레를 비롯하여 사실주의 유파의 예술가들 그리고 무엇보다 인상주의 미술품이 많다. 장 바티스트 카르포와 프랑수아 오귀스트 르네 로댕을 비롯하여 19세기 프랑스 조각가들의 걸작도 많고 사진 소장품도 풍성하다. 미술품은 책이나 화집에 실린 것이 아니라 실물을 직접 봐야 한다는 생각을 유럽의 미술관에 가면 새삼 하게 되는데, 오르세 또한 그런 생각에 힘을 실어준다. 첫인상으로 따지자면 루브르보다 오르세가 더욱 놀라웠다. 오르세는 뜻밖이었다. 루브르는 건축물의 당당한 위용을 일단 본 다음에 들어간다. 또 거기 내부에 자리 잡은 여러 시대의 미술품은 어느 정도 친숙한 것들이어서 눈으로 확인한다는 느낌이기도 하고, 생각만큼 대단하지 않아 보여서 실망하기도 한다. 하지만 오르세는 외양이 어중간한 것과 달리 들어가면 19세기 걸작들에 압도된다.

오르세는 인상주의 미술의 패권을 확인할 수 있는 곳인 동시에 뜻밖의 양상을 발견하게 되는 장소이다. 오르세는 주류 아카데미즘, '관학파'의 작품을 많이 소장하고 있다. 19세기에는 관학파를 '퐁피에', 즉 '소방관'이라고 불렀다. 프랑스의 소방관들이 고대 그리스 로마풍의 투구와 비슷한 모양의 헬멧을 썼던 것에서 유래한

인상주의의 안식처, 오르세미술관

센강 좌안에 자리 잡고 있으며, 이곳은 대개 1848년 무렵부터 1914년 이전까지의 작품들을 소장하고 있다. 그래서 예전에 오르세에서 발행하던 잡지의 이름이 '48/14'이었다. 기차역으로 쓰이던 곳을 개축한 것이기 때문에 지금도 과거의 흔적이 곳곳에 남아 있다. 전시장은 세 개의 층으로 나뉘어 있는데 1층 ····› 3층 ····› 2층 순서대로 둘러보면 좋다. 드가와 모네를 비롯한 인상주의 예술가들의 작품들은 3층에 전시되어 있다.

별명인데, 관학파 화가들이 고대 그리스와 로마의 이야기만 그린다며 조롱하는 의미로 쓰였다. 쿠튀르, 에르네스트 메소니에, 알렉상드르 카바넬, 윌리엄 아돌프 부그로, 장 레옹 제롬, 보나 같은 예술가들이 이에 해당하는데, 이들은 나름대로 전통을 현대화했다. 역사적 사건이나 신화, 전설을 주제로 삼았으며 고전주의 화풍과 낭만주의 화풍을 절충했다. 구성은 극적이고 묘사는 꼼꼼했으며 작품의 표면은 매끈했다.

대표적인 관학파 예술가 부그로는 에콜데보자르에서 공부했으며 1850년에 로마대상을 받고 다음 해에 로마로 가 이탈리아의 옛 미술품을 연구했다. 프랑스로 돌아와서는 제도권에서 성공 가도를 달렸다. 그는 누드화에 능했는데, 〈비너스의 탄생〉은 당시의 취향과 그의 우호적인 관계를 보여주는 대표적인 작품이다. 18세기의 로코코 예술가들이 그린 누드화들은 대부분 대중에게 공개하기 위한 것이 아니라 귀족들과 군주 등이 개인적으로 주문한 것이었다. 그런데 19세기에 접어들면서 살롱에도 누드화가 등장하기 시작했다. 그런 누드화에는 신화 속의 여신이라는 명목이 필요했다. 시각

윌리엄 아돌프 부그로, 〈비너스의 탄생〉
캔버스에 유채, 300×215cm, 1879년경, 오르세미술관, 파리
산드로 보티첼리의 그림을 통해서도 알 수 있듯이 많은 화가가 '비너스의 탄생'을 작품의 소재로 삼았다. 윌리엄 아돌프 부그로는 미와 사랑의 여신인 아프로디테가 바다에서 태어나는 순간이 아니라 조개껍데기를 타고 키프로스에 도착하는 장면을 그렸다. 게다가 이전 시대의 예술가들이 아프로디테를 수줍어하는 모습으로 그린 것과 달리 부그로는 몸을 전혀 가리지 않은 모습으로 그렸다.

적인 쾌락과 도덕적인 명분 사이에서 줄타기할 수밖에 없었다. 마네의 〈풀밭 위의 점심〉이 커다란 소동을 불러일으켰던 것은 이런 암묵적인 합의를 깨버렸기 때문이다.

부그로의 그림은 세련된 기법을 구사하여 윤곽이 뚜렷하고 분위기는 차분하다. 게다가 등장인물들은 순수하고 청초한 느낌을 준다. 누드화에 능했던 것에 비추어볼 때 역설적으로 부그로는 종교적인 주제를 많이 다루었고, 그의 종교화들은 당시에 좋은 평가를 받았다. 그의 그림을 보면 사람들이 일반적으로 좋아하는 코드가 어떤 것인지를 새삼 확인하게 된다. 관능적이고 안일하고 고답적이다. 부그로의 그림에 있는 것이 인상주의 회화에는 없다. 인상주의 회화에는 누드가 별로 없고, 있대도 노골적으로 에로틱한 느낌을 주지는 않는다. 인상주의 회화는 종교적이지도 않고, 인간의 오래되고 보편적인 감정, 숭고하고 경건한 감정에 맞닿는 내용도 없다. 그래서 역설적으로, 인상주의 회화의 등장과 득세는 미술을 판단하고 감상하는 방식이 결정적으로 단절을 맞았음을 보여준다.

드가 역시 누드화를 그렸다. 그가 누드화를 맨 먼저 내보인 것도 아니고 표현이 더 과격하지도 않지만, 그의 누드화에 대해서는 여전히 말이 많다. 드가는 1886년에 열린 제8회 인상주의 전시회에 본격적으로 누드화를 선보였다. 조리 카를 위스망스는 이때 출품된 드가의 누드화를 세상이 흠모하는 우상으로서의 여성의 이미지를 전복시킴으로써 세상의 비열함에 보복하려는 시도라고 평했다. 어쩌면 드가의 누드화에 대한 온갖 부정적인 평가는 위스망스의 이 글을 연원으로 삼은 것이 아닐까 싶다. 드가 자신이 한 말도 부채질

〈목욕통〉 마분지에 파스텔, 60×83cm, 1886, 오르세미술관, 파리

드가는 1886년에 열린 인상주의 전시회에 여성 누드 연작 열 점을 출품했는데, 이 작품도 그중 하나이다. 여성의 몸이 이상적인 아름다움과 거리가 멀고, 은밀하게 훔쳐보는 듯한 연출이라 는 점에서 많은 이들이 불쾌감을 표시했다. 여러 예술가가 목욕하는 여인을 숱하게 그렸지만, 드가의 그림 속 여성은 주위를 의식하지 않은 채 자신의 내밀한 공간에서 편안한 모습이다.

했다. 관람객이 자신의 그림을 보면 마치 "열쇠 구멍으로 들여다보는 것 같은" 느낌을 받을 거라는 말이었다. 그의 누드화에 대한 논의는, 결국 서양미술에서 누드화를 어떻게 보아야 하는지에 대한 문제로까지 이어졌다.

드가의 누드화는 관음증을 연상시키는 묘사 때문에 지금도 비판받는다. 하지만 정작 그의 누드화는 관음증을 충족시키지 않는다. 관음증의 대상이 되려면 이상적인 육체여야 한다. 드가의 그림 속 누드는 결코 이상적이지 않다. 여성주의 미술사가인 노마 브루드는 드가의 그림 속 여성들이 다른 사람에게 보이기 위해서가 아니라 자신들의 목적을 위해서 옷을 벗었으며, 전통적으로 회화의 '목욕하는 여자'가 관람객에게 우호적인 것과 달리 남성을 당황하게 하기에 오히려 여성주의적이라고 했다.

남성의 시선이라는 점에서는 드가의 그림도 유럽 회화의 면면한 관습 속에 자리 잡고 있지만, 그러면서도 독특한 위치를 차지한다. 일단 그의 그림 속 여성들은 연기하지 않는다. 이전 회화에서 단장하는 여인들은 자신들이 관찰되는 것을 짐짓 모르는 척했다. 그러니까 거꾸로, 이전까지 목욕하는 여성의 모습이 얼마나 작위적이었는지를 새삼 확인할 수 있다. 하지만 드가의 그림 속 여성들은 스스럼없으며 보는 이를 전혀 의식하지 않는다.

스타일이 달랐다고 해서 드가가 관학파 예술가들을 무작정 멀리했던 것은 아니다. 그는 보나와 평생 친분을 유지했다. 보나는 드가가 젊은 시절 이탈리아에서 만나 친해졌던 예술가들 가운데 한 명이다. 엄격한 데생을 바탕으로 색채를 적절히 구사했던 보나는 아카데미의 화가이면서도 인상주의와의 중간에 선 입장이었다. 드가는 보나에게 '베네치아 대사'라는 별명을 붙여주었는데 우아하고 세련된 처신을 가리키는 것이겠지만 묘하게도 비꼬는 느낌을 지울 수 없다.

보나는 드가보다 앞서 라모트의 아틀리에에서 공부했고 로마에서 3년 동안 유학하고 나서 파리로 돌아오자마자 공공기관의 벽을 장식하는 일을 맡았으며 저명인사들로부터 초상화를 의뢰받았다. 1861년부터 살롱에서 무심사 출품 자격을 얻었고 심사 위원으로 활동했으며 1882년에 에콜데보자르의 교수가 되었다.

제도권에서 일찍이 성공을 거둔 보나에 비하면 드가는 젊은 시절 이렇다 할 성과를 거두지 못했다. 그런데 보나와 드가, 두 사람의 관계에는 묘한 구석이 있었다. 둘이서 이야기를 나누기라도 하면 보나는 드가의 좋은 먹잇감이 되었다. 화상 앙브루아즈 볼라르는 자신의 회고록에서 나이가 들 만큼 든 보나와 드가가 이야기를 주고받는 장면을 소개했다. 보나는 제자가 활을 힘껏 당기는 영웅을 묘사한 그림을 드가에게 보여주며 "이거 보게나, 드가. 정말 뭔가를 겨냥하고 있는 느낌이 들지 않나?"라며 흡족해했다. 하지만 드가는 가차 없이 빈정거렸다. "맞아. 상賞을 겨냥하고 있구먼, 그래." 이런 관계는 젊은 시절부터 시작되었다. 보나는 드가와 한참 토론을 하고 나면 자신의 확신이 흔들리는 느낌을 받곤 했다. "그와 오랫동안 이야기를 나누고 헤어지고 나면 나는 다른 방식으로 그림을 그리고 싶은 유혹에 빠진다." 인상주의 그룹에 속했던 카유보트가 세상을 떠나자 그의 주변 사람들은 카유보트가 생전에 모았던 미술품들을 국가가 받아들이도록 요청했는데, 관학파 예술가들이 이에 반대했다. 보나 또한 반대 입장이었다. 만약 이때 보나가 인상주의 예술가 무리를 막아냈더라면 오늘날 오르세미술관은 훨씬 헐거운 느낌을 주었을 것이다. 카유보트가 수집하여 기증한 작품들이 오르세 소장품의 중핵이 되었기 때문이다.

오르세에서는 드가가 얼마나 뛰어난 예술가인지 실감할 수 있다. 드가의 기발하고 파격적인 구성은 여러 밋밋한 작품들 속에서 단연 돋보인다. 그의 작품은 좋은 자리에 걸려 있으며 사람들은 경마와 발레리나를 그린 그의 그림을 경이롭게 바라본다. 어쩌면 예술의 목적은 바로 이런 것이 아닐까? 스스로는 냉담하면서 사람들을 꿈꾸게 하는 것. 오르세미술관에서는 드가의 조각 작품들도 볼 수 있다. 대부분 발레리나와 말, 목욕하는 여인을 소재로 한 것이다. 파리를 가득 메운 웅대하고 화려한 조각들에 비하면 드가의 작품은 일견 소박하다. 하지만 그가 평생 추구했던 속도와 움직임, 인간의 몸이 빚어내는 균형을 명료하게 보여준다.

루브르와 살롱

인상주의 예술가들은 앞선 시대의 예술을 전혀 의식하지 않았다고 여기기 쉽다. 작품의 주제도, 그림을 그리는 방식도 크게 다르기 때문이다. 하지만 그들 대부분은 루브르박물관의 옛 작품들을 보면서 성장했고, 언제나 옛 작품들과 관련지어 자신이 나아갈 방향을 생각했다. 그들은 자신들의 작품이 마땅히 루브르에 걸리게 되리라고 여겼다.

19세기 후반의 작품들, 특히 인상주의 작품들은 마침내 루브르에 진입했지만 1986년 센강 맞은편에 오르세미술관이 개관하면서 1850년대 이후의 작품들은 그곳으로 옮겨 갔다. 오르세가 인상주의의 전당이 되고, 퐁피두를 비롯한 공간이 현대미술을 다루면서 루브르는 변화나 발전과 상관없는 곳처럼 여겨졌다. 발에 치일 정도로 붐비는 관람객들은 출석 도장이라도 찍는 것처럼 유명 미술품에만 매달린다. 그런 이유로 현대예술가들과 지식인들은 루브르를 좋아하지 않는다. 루브르가 당대와 역동적으로 반응하는 공간이 아니라 박제되어 낡아빠진 가치를 고수하고 확인하는 공간, 소양과 열의가 없는 아무나 와서 돌아다니는 공간, 말하자면 고인 웅덩이 같은 장소라는 것이다.

하지만 인상주의 예술가들이 활동하던 시대에 루브르는 과거와 당대를 연결하는 공간이었다. 박물관이나 미술관이라고 하면 전통과 역사를 통해 승인된 가치만을 보여주는 곳이라고 생각하기 쉽지만 19세기의 루브르는 가치가 요동치고 평판이 전투를 벌이는 곳이었다. 루브르의 그랑드 갈르리에는 살롱에서 입선한 작품들을 전시했다. 프랑스의 관립 전시회를 '살롱'이라고 한다. 16세기부터 이탈리아의 도시국가들에서는 예술을 교육하는 아카데미가 세워졌고 프랑스에서도 1648년에 왕립회화조각아카데미가 설립되었다. 아카데미는 엄격한 심사를 통해 회원을 뽑았다. 1667년부터 아카데미 회원들의 작품을 대중에게 공개하여 전시했는데, 이것이 살롱의 시작이다. 처음에는 팔레루아얄 등에서 열다가 1725년부터 루브르궁의 살롱 카레에서 정기적으로 열게 되면서 공식적으로 '파리 살롱'이라는 명칭을 부여받았다. 이 전시의 일등상이 로마대상이었다. 상의 명칭 그대로 로마로 유학 가서 공부를 더 하고 돌아와 궁정의 주문을 받는 엘리트 코스였다.

1789년 일어난 프랑스혁명으로 옛 정치체제가 무너졌고, 살롱의 운영 방식도 바뀌어 모든 예술가가 살롱에 출품할 수 있게 되었다. 시민계급이 사회를 새로이 주도했고, 뒤에 등장하는 인상주의 미술이야말로 그들의 취향에 딱 맞는 것이었지만, 어떤 계급이 자신에게 걸맞은 취향을 선택하는 과정에는 약간의 지체 현상이 나타난다. 당시 프랑스의 시

민계급이 미술품을 고르는 취향은 지금의 우리가 보기에는 꽤 보수적이었다. 그들은 과거 귀족계급의 취향이 반영된 아카데미풍의 예술을 더 좋아했다.

살롱에서는 그림의 주제에 서열이 있었다. 역사와 신화를 다룬 미술품이 시민의 도덕관념을 고양한다는 이유로 가장 높은 위계를 차지했다. 초상화나 정물화처럼 일상적인 제재를 담은 미술품은 위계가 낮았고, 파격적인 미술품은 배척받았다.

살롱을 둘러싼 미술계의 모습은 당연하게도, 이 체제에 잘 맞는 예술가와 그렇지 않은 예술가들을 낳았다. 살롱에서 성공했던 화가들을 '관학파' 혹은 '아카데미즘' 예술가라고 한다. 국가기관이 공인한 교육의 체계와 취향을 따르는 예술가라는 것이다. 인상주의 예술가들은 관학파의 반대편에 서 있었다.

인상주의 예술가들은 루브르의 핵심이었으면서도 루브르라는 공간 자체에 대해서는 별다른 경의를 표하지 않았다. 드가가 나름대로 루브르를 화면에 담은 〈루브르에서 커셋〉은 전통과 당대에 대한 야릇한 코멘트이다. 이 그림에 등장하는 두 여성은 미국인인데, 파리에서 활동했던 커셋과 그녀의 언니 리디아이다. 안내 책자를 들고 의자에 앉아 있는 이가 리디아인데, 어쩐지 그녀는 박물관과 작품의 권위에 눌려 있는 것 같다. 이는 이 무렵 미국인들이 프랑스 미술에 대해 막연히 품었던 경외감을 보여준다. 한편 서 있는 여성은 양산이 지팡이라도 되는 것처럼 그에 의지하며 휘적휘적 걸음을 옮긴다.

앞서 이야기한 것처럼 과거에는 루브르에서 옛 작품을 모사하는 이들이 많았다. 그중에는 여성들도 포함되어 있었는데 여성은 교양을 쌓기 위해 그림을 공부할 수는 있었지만, 직업으로 예술을 한다는 것은 가당치 않다는 인식이 팽배하던 시절이었다. 모사는 예술가로서의 기량을 획득하기 위한 기본적인 과정이기도 했지만, 당시에 여성들은 인체 모델을 직접 보고 그릴 수도 없었던 터라 미술관이나 박물관에서 모사하는 작업은 더할 나위 없이 중요했다. 주변에서는 이러한 작업을 하는 여성들을 낮추어보았다. 프랑스 작가 샹플뢰리는 모사하는 여성이 마음에 들면 미술관이 문을 닫을 즈음 말을 걸어서 대화가 미술관 밖으로 이어지도록 하라고도 했다. 인상주의 그룹에서 전시한 모리조와 커셋 같은 여성 화가들은 본의 아니게 최전선에 서 있었던 셈이다.

〈루브르에서 커셋〉
파스텔, 1880년경, 개인 소장

새로운 도시의 관찰자

'플라뇌르' 드가

시간이 멈춘 듯한 파리

1960년대나 1970년대의 프랑스 영화들을 보다가 문득 놀랄 때가 있다. 영화 속 파리의 모습이 지금과 너무도 흡사하기 때문이다. 거리를 지나는 자동차들만 바뀌었다. 파리는 과거를 배경으로 한 영화 찍기에 좋다. 영국 영화 〈언 에듀케이션〉(2009)에서 주인공이 1960년대를 만끽하는 장면에 등장하는 파리는 아무것도 덧대지 않은 오늘날의 파리였다. 영화 〈북회귀선〉(1990)에서 등장인물이 차를 타고 지나가는 장면, 자전거를 타고 가는 장면도 파리에서 별다른 세트장 없이 촬영했다. 이런 예는 끝도 없이 들 수 있을 것이다. 서울만 하더라도 경복궁에서 시대물을 찍으면서 카메라를 바깥으로 돌릴 수는 없다. 옛 궁궐을 압도하는 고층 건물들이 사방을 에워싸고 있기 때문이다. 하지만 파리는 스카이라인이 거의 변하지 않았기에 여기저기로 카메라를 돌릴 수 있다. 라데팡스와 몽파르나스 타워 쪽만 살짝 피하면 된다. 하지만 나이를 먹고도 변하지 않은 도시는 이따금 허깨비나 유령처럼 느껴진다.

북방의 이민족으로부터 성녀 준비에브의 지휘 아래 도시를 지키던 시민들의 시절, 노르만인들이 배를 타고 내려왔던 시절, 위그카페가 파리를 본거지로 삼은 이후로 서유럽의 중심이었던 시절, 백년전쟁의 혼란기에, 늑대가 시테섬까지 들어와서 노트르담대성당의 신부를 해쳤던 시절 등 파리는 천년이 넘게 유럽에서 가장 중요한 도시였으며 온갖 역사적 사건을 목격했다. 1789년의 시민혁명과 1830년과 1848년의 혁명, 심지어 1968년의 혁명까지 파리는 수많은 혁명의 진원지였다.

하지만 막상 파리에 가보면 도시의 역사는 포석 사이로 숨어버리기라도 한 것처럼 잡히지 않는다. 혼돈과 소란과 흥분으로 가득한 옛 도시의 흔적은 어디에 있는가? 빅토르 위고가 『파리의 노트르담』에서 언급했던 "파리라는 미녀의 얼굴에 자리 잡은 흉터"는 1850년대부터 시작된 '대개조'를 거치면서 지워졌다. 바스티유 요새는 철거되어 광장으로 바뀌었고, 필리프 2세 시절의 성벽은 장대한 루브르박물관 건물의 지하에 웅크리고 있으며, 수 세기에 걸쳐 증축되고 개축된 루브르조차 19세기의 대개조 이래 구성된 질서 속에 끼워 맞춰져 있다.

나폴레옹전쟁이든 프로이센·프랑스전쟁이든 양차 대전이든, 프랑스가 19세기 이래 벌인 전쟁은 그 결과가 별로 영광스럽지 않았지만, 에투알개선문은 기묘할 만큼 뻔뻔하게 위용을 과시하면서 도시의 중심을 차지하고 있다. 개선문에 조각된 프랑수아 뤼드의 작품에서 혁명군은 로마 병사들처럼 차려입고 있다. 파리 곳곳에 덕

19세기와 오늘날의 몽마르트르

관광객의 초상화를 그려 주는 화가들이 자리를 잡고 있어서인지 흔히 예술의 도시로서 파리의 낭만을 이야기하자면 몽마르트르 언덕이 가장 먼저 떠오른다. 그곳에는 마르셀 에메의 단편소설 「벽으로 드나드는 남자」를 기념하는 동상이 있는데, 뒤티유월은 소설에서처럼 벽 사이에 끼어 있다. 몽마르트르만 놓고 이제는 파리가 역동성이 없다고 말하기 어렵지만, 적어도 오늘날 몽마르트르는 뒤티유월처럼 과거에 붙들려 옴짝달싹 못 하는 모습이다.

지덕지 붙어 있는 그리스풍과 로마풍 장식을 보다 보면, 이 도시가 거대한 모조품이라는 생각마저 든다. 원본이 사라진 모조품이다. 파리는 과거에 잠겨 숨을 쉬지만, 뜻밖에도 그 기억의 층은 얇은 편이다. 파리의 시간은 19세기 중반에 멈춰 있다. 그리고 당시 파리의 모습은 드가의 그림 속에 박제되어 있다.

파리는 외곽에 현대적인 건축물이 들어섰지만, 중심부는 변화를 거부한 채 강고하게 버티고 있다. 실은 건물의 껍데기만 옛 모습으로 남겨놓고 내부는 생활의 편리에 따라 야금야금 고쳐왔다. 어찌 보면 도시 전체가 성충이 빠져나간 매미 껍데기의 더미 같다. 파리는 도시로서의 역동성이 결여되어 있으며 나아가 프랑스 문화 자체가 변화에 대응하지 못한다는 지적을 받기도 한다. 파리에서는 미래를 생각하기보다 지난날을 돌이켜보고 음미하게 된다. 하지만 이런 파리도 한때는 아찔한 변화를 겪었다.

오늘날 루브르는 서쪽이 트여 있다. 중정의 유리 피라미드 쪽에서 바라보면 튀일리정원까지 눈에 들어온다. 파리를 비롯하여 프랑스의 건물들은 중정을 완전히 둘러싸는 형태가 대부분인데 정작 루브르는 한쪽이 열려 있는 것이다. 루브르와 연결되어 있던 튀일리궁이 1871년 파리코뮌 때 불타버린 뒤로 복원되지 않았기 때문에 이런 모습이 되었다. 나폴레옹 3세 시절, 그러니까 젊은 인상주의 예술가들이 들락거리던 시절 루브르의 중정은 사방이 막혀 있었다. 역사가 시작될 때부터 오늘날의 모습이었을 것 같은 루브르도 이처럼 파괴와 격동의 흔적을 안고 있다.

열려 있는 방향으로 나아가면 튀일리정원 곳곳에 의자가 놓여 있고, 사람들은 앉아서 한가로운 시간을 보낸다. 여기서 선택지가 있다. 튀일리정원의 카페에서 한잔하고는 남은 기운을 몰아서 오랑주리미술관에 들어가 모네가 말년에 혼신을 쏟아 그린 '수련' 연작을 보는 것이다. 그게 아니라면 루브르에서 북쪽으로 5분가량 걸어가면 팔레루아얄이 나타난다. 팔레루아얄은 1629년에 리슐리외 추기경의 저택으로 완성되었다. 리슐리외가 세상을 떠난 뒤 왕실에 귀속되었고 루이 14세가 머물기도 했으며 그가 베르사유로 옮겨 간 뒤 동생인 오를레앙공이 소유했다. 한때 매춘과 도박이 성행하는 공간이었다지만 현재는 그런 흔적을 전혀 찾아볼 수 없는 차분한 휴식 공간이다. 팔레루아얄에서는 설치예술가 다니엘 뷔랑이 1986년에 설치한 〈두 개의 고원〉이 방문자들을 맞는다. 오로지 흑백의 줄무늬를 입힌 원기둥들로만 이루어진 이 단조로운 작품은 파리의 화려한 건축물들 사이에서 공간 자체가 갖는 보편적인 의미와 위력을 상기시킨다.

파리의 관찰자

프랑스 낭만주의를 대표하는 시인 샤를 보들레르는 1863년에 「현대의 삶을 그리는 화가」라는 평론을 발표했다. 여기서 그는 "우리가 현재의 재현으로부터 끌어내는 즐거움은 현재를 감싼 아름다움에서만이 아니라 현재의 본질적 특성에서도 기인한다"(샤를 보들레르, 『현대의 삶을 그리는 화가』, 정혜용 옮김, 은행나무, 10쪽)라고 했다.

튀일리정원과 팔레루아얄의 〈두 개의 고원〉

오늘날 팔레루아얄은 리슐리외나 오를레앙공 같은 이름보다 다니엘 뷔랑이 1986년에 설치한 〈두 개의 고원〉으로 더 유명하다. 뷔랑은 1950년대 말부터 활동을 시작해 1960년대부터 '줄무늬'로 작업을 이어온 끝에 현재 세계적인 명성을 누리고 있다. 줄무늬에는 아무런 의미도 없고, 얼른 알아볼 수 있는 아름다움도 없다. 하지만 바로 이 점 때문에 줄무늬는 그 장소를 장악하며 공간의 의미가 바뀌는 새로운 감각적 경험을 부여한다.

〈두 개의 고원〉은 짧은 흑백 줄무늬를 입힌 260개의 기둥으로 이루어져 있다. 처음에 이 작품
이 설치될 무렵 프랑스에서는 격렬한 논쟁이 벌어졌지만, 지금은 포토존으로 환영받고 있다.
루브르 중정에 설치된 유리 피라미드와 비슷한 처지인 셈이다. 뷔랑은 전통적인 예술의 아우
라를 무너뜨리는 조형적 장치로 파리에 도전장을 냈지만 파리는 이마저도 힘겹게 집어삼키고
는 짐짓 초연한 척한다.

혁명과 예술의 도시, 파리의 역사

파리라는 이름은 오늘날 파리에 사는 이들과 직접적인 관련이 없다. 이 말은 고대 갈리아의 일족이었던 '파리시Parisii'에서 나왔다. 갈리아를 정복한 로마인들은 이곳을 '파리시의 루테시아Lutetia Parisiorum'라고 불렀다. 이때 파리의 영역은 오늘날 센강의 시테섬일 뿐이었다. 로마제국 당시 루테시아는 센강 좌안 쪽으로 확장되었지만, 로마제국이 쇠퇴하고 이민족이 침입하면서 좌안 쪽은 방치되고 시테섬을 요새로 삼아 명맥을 이어가게 되었다. 508년에 프랑크왕국의 메로빙거왕조가 파리를 수도로 정하면서 파리는 센강 우안 쪽으로 조금씩 확장되었다. 메로빙거왕조의 뒤를 이은 카롤링거왕조는 아헨으로 수도를 옮겼다. 그러다가 백작 위그카페가 987년에 왕위에 오르면서 파리는 다시 왕국의 수도가 되었다. 필리프 2세(재위 1180~1223) 때 파리를 둘러싼 성벽이 완성되었다.

　파리는 센강을 기준으로 북쪽의 우안과 남쪽의 좌안으로 나뉜다. 예부터 우안은 정치와 상업의 중심이었고, 좌안은 학문의 산실이었다. 루브르박물관, 팔레루아얄, 튀일리정원 등이 우안에 자리 잡고 있으며, 좌안에는 '카르티에라탱'으로 대표되는 지식인 구역이 형성되었다. 그 결과 파리는 군사적, 상업적, 종교적, 학문적 영역에서 유럽의 중심을 차

파리의 발원지인 시테섬

지했다.

백년전쟁 중에는 아르마냐크파와 부르고뉴파의 투쟁으로 파리는 상당한 혼란에 놓였고, 잉글랜드와 동맹을 맺었던 부르고뉴파가 파리를 차지했다. 우여곡절 끝에 파리는 다시 프랑스 왕의 손에 들어갔지만, 정작 그들은 15세기 중반 이후 이탈리아 원정 중에 접한 이탈리아 문화에 심취하여 루아르 지역에 세운 성에 머물렀다. 그 사이에 파리는 종교전쟁의 무대가 되었고, 이른바 성바돌로매축일의학살로 수많은 신교도가 피를 흘렸다. 구교도와 신교도를 화해시키면서 즉위한 앙리 4세(재위 1589~1610)는 파리를 중시했고, 튀일리궁과 루브르궁이 이때 건설되었다. 17세기 말에 파리의 인구는 50만 명을 넘어섰다. 하지만 뒤에 루이 14세(재위 1643~1715)가 베르사유를 사실상 행정의 중심지로 삼으면서 파리는 수도로서의 위상을 잃었다. 1789년에 프랑스혁명이 발발한 뒤, 파리 시민들이 루이 16세(재위 1774~1792)와 그의 가족을 튀일리로 끌고 갔다. 왕실의 위상은 실추했고 파리는 프랑스의 중심으로서 위상을 공고히 했다. 그 뒤로 나폴레옹이 온 유럽을 휩쓸면서 파리 곳곳에 그의 승리를 기념하는 이름이 붙기 시작했다. 1837년에 파리와 생제르맹앙레를 연결하는 철도가 놓였을 때도 역에 전승지의 이름이 붙었다. 프랑스 철도망에서 가장 중요한 거점인 오스테를리츠역은 오스트리아인들과 러시아인들에게 먼 옛날 자신들의 조상들이 비참하게 패배했던 겨울날을 떠올리게 한다.

1852년에 즉위한 황제 나폴레옹 3세(재위 1852~1870)는 젊은 시절을 런던에서 보냈는데, 당시 런던은 앞서 1666년에 일어났던 대화재 이후로 거리를 넓히는 등 대대적으로 정비되었던 터라 비교적 현대화된 도시의 모습을 갖추고 있었다. 그가 보기에 런던에 비하면 파리는 뒤떨어진 도시였다. 파리는 산업화가 진전되면서 증가하는 인구와 복잡한 교통, 위생 문제 등을 감당하지 못했다. 파리에 새로 유입된 이들은 계급의 하부에 있는 이들이었고, 좁은 골목을 이루며 복잡한 주거지역이 조성되었다. 저렴한 목재로 지어진 주택들이 많아지다 보니 화재에 취약했고, 상하수도 시설도 제대로 갖추어져 있지 않아 전염병이 쉬이 창궐했다. 나폴레옹 3세는 1853년부터 파리를 뜯어고치는 작업을 시작했고 조르주 오스만 남작이 이 사업을 이끌었다.

지금의 파리를 만든 오스만 남작

오스만은 도심에 동서남북으로 뻗는 대로(불바르)를 만들고 도심을 둥그렇게 잇는 도로를 마련하여 오늘날 파리의 특징인 방사형도로망을 구축했다. 이 과정에서 수만 채의 가옥이 철거되었다. 도시는 기반 시설을 갖추어나갔다. 오수가 흘러나와 질퍽거렸던 거리는 상하수도관을 매설하고 바닥에는 석재를 깔아 청결하게 만들었다. 또 가스등을 설치하고 녹지를 조성했다. 새로 만든 도로에 수만 그루의 가로수를 심고 뱅센 숲과 불로뉴 숲을 비롯한 공원을 조성했다. 노트르담대성당을 비롯한 옛 건물들도 대대적인 수리를 거쳤다. 파리지앵의 문화생활에 변화를 가져온 오페라가르니에도 이때 건립되었다.

파리에 살던 사람들은 옛 모습을 무지막지하게 부수고 바꾸어놓은 이 작업에 불만이 많았지만, 파리의 도시계획은 서구 세계에 영향을 끼쳤다. 관광객들과 예술가들이 파리로 몰려왔다. 물론 이 장대한 사업에는 문제도 많았다. 당연하게도 프랑스는 심각한 재정난을 겪어야 했다.

또한 그때까지 혁명의 도시였던 파리에서 이제 봉기가 어려워졌다. 그때까지는 저항하는 시민들을 진압하기 위해 들어온 군대가 좁고 복잡한 길과 바리케이드 사이에서 곤란을 겪는 형세였다. 위고의 『레미제라블』에서도 봉기 참가자들은 좁은 골목을 바리케이드로 틀어막고 저항했다. 그런데 길을 넓고 곧게 뚫어놓았으니 바리케이드를 구축하기 어려워졌다. 반대로 군대가 대포를 사용하기에는 쉬워졌다. 대개조 사업 이후, 파리에서 일어난 봉기로 정권이 바뀌는 일은 더는 없었다.

대개조는 또 다른 문제를 낳았는데, 그중 하나가 파리의 생활수준이 지역에 따라 차이가 심해진 것이었다. 대개조 이전에 파리에는 여러 계급의 사람들이 섞여 있었고, 빈민들도 도심 구석구석에 있었다. 하지만 대개조를 거치면서 도심의 부동산 가치는 폭증했고, 하위 계급이었던 이들은 외곽으로 밀려났다. 오늘날 파리를 돌아다니는 관광객에게는 계급의 구조가 잘 보이지 않는다. 파리의 청소원 중에 흑인이 많다는 것만 겨우 눈에 들어온다. 방리외(교외)의 삭막한 콘크리트 아파트, 폭동과 소요는 영화에서나 볼 뿐이다. 파리를 돌아다니다 보면 곳곳에서 기세 좋게 휘갈긴 그래피티를 볼 수 있지만, 그조차도 이 거대한 도시를 짓누르는 과거의 무게 앞에서는 부질없는 반항처럼 느껴진다.

카유보트가 그린 〈불바르 이탈리앵(이탈리아 대로)〉에 담긴 파리 시가지의 모습은 지금과 거의 같다. 도로 양옆에는 비슷한 높이로 줄줄이 이어진 소위 '오스만 양식'의 건물이 들어섰다. 당시로는 새로운 형식의 건물이었지만 오늘날에는 프랑스와 파리를 대표하는 양식으로 자리 잡았다. 화가의 시선은 그런 건물의 지붕이 만들어내는 색다른 모습에서 지금까지 존재하지 않았던 새로운 아름다움을 찾아냈다. 지붕과 굴뚝과 창문으로만 이루어진 것 같은 도시의 이미지에 화가는 매혹되었다.

　모네나 르누아르가 파리를 화면에 담을 때 건물과 사람들을 다소 알아보기 어렵게 해
체한 것과 달리 카유보트의 그림에는 도시의 육중함이 담겨 있다. 특히 1877년에 열린
인상주의 전시회에 출품한 〈파리의 거리, 비 오는 날〉은 제목 그대로 비에 젖은 파리의
거리를 담담한 표정으로 오가는 시민들의 모습을 통해 대도시의 착잡하고 외로운 감정
을 잘 보여준다. 카유보트는 새로이 마련된 도시의 높이에서 아래쪽을 내려다보는 시점
을 곧잘 구사했다. 그의 그림에서 원근법이 강조된 기다란 발코니에 기대어 대로를 내려
다보는 이들은 마치 우리에 갇힌 짐승들처럼 당혹스러워하며 권태로워한다. 카유보트에
게는 유연함과 세련미가 부족하지만, 특유의 접근 방식에서 뿜어내는 대담함과 견결함
이 있다. 드가는 카유보트에 대해 "그의 대단한 고집이 바로 그의 재능"이라고 했다.

귀스타브 카유보트, 〈파리의 거리, 비 오는 날〉 캔버스에 유채, 212.2×276.2㎝, 1877, 시카고미술관, 시카고

오스만의 파리 대개조 이후, 파리에는 플라뇌르flaneur가 출몰했다. 프랑스어로 플라뇌르란 경제적으로 넉넉해서 유유자적하게 대도시를 돌아다니는 사람을 뜻한다. 보들레르에 따르면 플라뇌르는 망원경으로 사방을 관찰하면서도 이따금 바싹 다가서서 세상을 바라보는, 초연하면서도 호기심 가득한 존재이다. 스스로가 비범한 안목을 소유했으며 대중보다 수준이 높다고 여긴다. 플라뇌르는 도시의 군중을 광활한 사막처럼 여기며, 그 사막을 배회하는 자신의 고독을 만끽한다.

> 철두철미 소요객인 사람과 열정적 관찰자에게 다수를, 사람 물결을, 움직임을, 순간과 무한을 자신의 거처로 삼는 것은 어마어마한 즐거움이다. 자기 집을 벗어나 있기, 하지만 어디서든 자기 집인 양 느끼기, 세상을 바라보기, 세상 한가운데 있으면서 세상 속에 숨어 있기. 이런 것들이 독립적이고 열정적이며 편향되지 않은 정신의 소유자들이 느끼는 쾌락들, 말로는 어설프게밖에 규정할 수 없는 쾌락들 가운데 몇 가지이다.
> ― 샤를 보들레르, 『현대의 삶을 그리는 화가』, 25~26쪽

보들레르식으로 말하자면 '현대의 화가'는 플라뇌르로서의 예술가이다. 그렇다면 누가 가장 플라뇌르다운 플라뇌르였을까? 마네는 나름대로 도시의 관찰자였지만 그리 적극적이지 않았다. 모네나 피사로도 파리를 그리기는 했지만, 이들의 그림에서 대도시의 시민들은 거친 붓질 속에 파묻힌 얼룩과도 같은 존재였다. 그런 의미에

서 드가야말로 진정한 플라뇌르였다. 사실 전형적인 플라뇌르라고 보기에 드가는 너무 부지런했고 생산적이었다. 하지만 스스로에게도 비평적인 것이 플라뇌르의 특성이라고 보자면, 플라뇌르로서의 예술가는 단연 드가이다.

드가는 산업화와 함께 성장한 거대 도시의 모습, 도시 속의 사람들, 도시가 낳은 유흥과 구경거리를 그렸다. 인상주의는 도시에서 벗어나 자연을 향유하던 유파라고 여기기 쉽지만, 어디까지나 새로이 모습을 갖춘 대도시가 낳은 유파이고, 대도시가 제공하는 새로운 감각적 경험에 대한 직접적인 반응이다. 그런 점에서 인상주의는 플라뇌르의 예술이고, 드가는 역설적으로 가장 '인상주의적인' 화가이다.

1876년 작인 〈콩코르드광장, 르피크 자작과 딸들〉은 플라뇌르였던 드가의 면모를 보여주는 작품이다. 예술 애호가이자 그 자신도 예술가였던 뤼도비크 르피크 자작이 딸들과 함께 콩코르드광장을 한가로이 산책한다. 자작은 무료하고 탐탁지 않아 보이는 표정으로 우산을 옆구리에 끼고 어딘가를 향해 걷고 있다. 딸들과 반대 방향인 것으로 보아 지금 막 방향을 틀었는데, 더 좋은 쪽으로 가기 위해 자세를 고쳤다기보다는 어디가 더 좋은 곳인지, 어디로 가야 하는지 모른 채 갈팡질팡하고 있다. 딸들도 순간적으로 방심한 모습이다. 인물들의 몸과 시선의 방향이 제각각이다. 여기에는 중심도 기준도 없다. 오로지 우연적인 시선, 순간적인 포착만이 있다. 자작과 딸들, 애완견은 허리와 무릎 부근에서 잘려 있다. 화면 왼편 구석의 남자가 보내는 시선은 자작의 상태를 더욱 분명하게 만드는 구실을 한다. 화면 속의 관찰자인 이 남자는 왼쪽 세로변, 위쪽과 아래쪽 가로변, 삼면에서 절단되어 있어 능동적이고 주도적인 관찰자이기는커녕 거미줄에 걸린 사마귀처럼 보인다.

드가가 이처럼 파격적인 구도를 사용한 것은 당시에 보급되었던 사진의 영향을 받은 것이라고 여겨지곤 한다. 하지만 이는 당대의 사진과 드가의 작품 양쪽 모두 제대로 보지 못한 억측이다. 이 무렵 발명되지 얼마 안 된 사진은 파격적인 구도를 제시하기보다는 회화의 구도를 따라가곤 했다. 드가의 회화야말로 당시의 사진보다 기발하다. 드가는 우연히 포착한 것처럼 화면을 연출했지만, 그조차 치밀하고 의식적인 구성의 결과였다. '스냅사진과 같은 시선'은 카메라의 산물이 아니라 드가와 같은 화가들의 발명품이었다.

대도시에는 중심이 없다. 무엇이든 붙잡으려 하지만 미끄러져 손에 잡히지 않는다. 거기에는 흐름만이 있다. 플라뇌르는 도시가 제공하는 감각을 탐닉한다. 감각은 방향을 잃은 자가 매달릴 수 있는 유일한 단서이다. 모든 곳을 가리키면서 정작 아무 곳도 가리키지 않는 기묘한 지표이다. 드가는 현대적인 도시를 표류하는 감각과 지표의 파편들을 포착해 예술로 그려냈다.

19세기의 플라뇌르는 부르주아적인 보헤미안으로서의 특권을 누렸겠지만, 지금의 우리가 파리를 방문하면 플라뇌르의 기분을 느끼기에는 조금 어렵다. 처음에 느끼는 경탄은 얼마 지나지 않아 설명하기 어려운 압박감으로 바뀐다. 20세기를 대표하는 전위예술가 마르셀 뒤샹은 파리의 분위기를 다음과 같이 요약했다. "파리에서는 사람들이 모두 어깨에 전통을 얹고 다닙니다." 관광객은 미리 알

〈콩코르드광장, 르피크 자작과 딸들〉
캔버스에 유채, 78.4×117.5cm, 1875, 에르미타시박물관, 상트페테르부르크
대도시에는 방향도 목적도 없고 좋은 것도 싫은 것도, 기쁜 것도 슬픈 것도 없다. 사람들은 넋이 나간 듯 돌아다닌다. 그러한 대도시의 풍경이 드가의 그림에도 담겼다. 이 작품은 제2차세계대전 이후 분실된 것으로 여겨졌으나, 에르미타시박물관에서 이 작품을 전시함으로써 그 존재가 알려졌다.

〈콩코르드광장, 르피크 자작과 딸들〉의 무대가 된 콩코르드광장

파리에서 가장 큰 광장으로, 프랑스혁명 당시 혁명광장으로 부르다가 '화합'을 뜻하는 '콩코르드'로 바꾸어 지금까지 이어지고 있다. 18세기에 루이 15세의 명령으로 조성되었으며 중앙에 이집트로부터 기증받은 룩소르의 오벨리스크가 우뚝 서 있다. 사방이 트여 있는데, 동쪽으로 걸어서 5분가량 걸리는 곳에 오랑주리미술관이 있으며, 서쪽으로는 샹젤리제 거리에서 개선문에 이르는 전망이 펼쳐진다. 남쪽으로는 앵발리드가, 북쪽으로는 마들렌사원이 자리 잡고 있다.

고 있는 것을 확인하느라 새로운 것을 보지 못한다.

카페, 플라뇌르의 안식처

파리를 다룬 수많은 책 중에서 유독 기억에 남는 책이 에릭 메이젤의 『보헤미안의 파리』이다. 이 책의 내용은 간단하다. 파리에서는 카페에서도 글을 쓰고 뤽상부르공원 벤치에 앉아서도 글을 쓰고 가는 곳마다 글을 쓰라는 것이다. 얼핏 어처구니없는 소리 같다. 글쓰기는 파리가 아니더라도 얼마든지 할 수 있는 일이다. 하지만 이렇게도 생각해볼 수 있다. 세계 어디서나 할 수 있는 일이야말로 파리에 걸맞은 일이다. 파리는 특별한 어떤 장소가 아니라 세계 자체이기 때문이다.

거대한 도시에서 사람들은 갈 곳을 잃곤 한다. 어디로 가야 하는지, 어디서 무엇을 해야 하는지, 내일은 무엇을 해야 하는지, 알 수 없다. 도시를 돌아다니는 플라뇌르에게는 카페가 필요하다. 카페에서 플라뇌르들은 다리를 쉬고, 몽상에 잠기고, 신문이나 책을 읽고, 글을 쓰고, 안면이 있는 사람과 만나면 이야기를 나누었다. 그렇게 시간을 보내다가 일어나서 또다시 거대한 도시로 파고들었다. 카페는 휴식처이자 지표이다. 구체적으로, 물리적으로 지시해주는 장치다. 플라뇌르는 카페로 나가면서 비로소 하루를 시작했다.

카페가 생겨나기 전에도 사람들은 모여서 마시고 먹고 떠들 공간을 원했다. 한때는 여관tavern이 그런 구실을 했다. 17세기 네덜란드의 풍속화에는 여관이 곧잘 등장한다. 동네 사랑방 노릇을 하던 여관에서 동네 사내들, 여행자들이 모여 술을 마시고 이야기를 나누었다.

유럽인들은 17세기 중반 이후로 본격적으로 커피를 받아들였다. 영국에서는 커피하우스에서 사업에 관한 논의를 하고 계약서를 작성했다. 이전에는 모여 앉아서 술을 마셨는데 이제 술에 취하지 않고 오히려 커피를 마셔서 더욱 명철한 정신으로 일을 볼 수 있었다.

카페는 새로운 소식을 들을 수 있는 곳이었고, 서로의 견해를 나눌 수 있는 곳이었다. 17세기 말에 프랑스에는 이미 3000개의 카페가 있었다. 1789년 프랑스혁명 때도 카페는 기폭제가 되었다. 당시만 하더라도 글을 읽을 수 없는 사람들이 많았고, 이들은 카페로 가서 다른 사람들이 신문이나 팸플릿을 읽는 것을 듣고 이야기를 나누었다. 그러다가 누군가가 연설을 하면 듣던 사람들은 흥분하여 고함을 치다가 몰려나가곤 했다.

르네상스 예술가들이었던 레오나르도 다빈치와 미켈란젤로는 카페를 모르고 살았다. 그들은 어쩌다 도시의 광장에서 만나 서로 면박을 주고 얼굴을 붉혔다. 아마 이들 시대에 카페가 있었다면 잔을 앞에 놓고 가시 돋친 말을 마구 쏟아냈을 테고, 우리가 들춰볼 어록들은 풍성해졌을 것이다.

19세기 이후로 예술가들과 문인들은 카페를 좋아했다. 그리고 카페를 좋아하는 사람들이 그렇듯 단골 카페가 있었다. 인상주의 예술가들은 카페 게르부아에 모여 앉아 이야기했다. 그곳은 아웃사이더 예술가들에게 학교 노릇도 했다. 그들은 루브르에 가서 옛 걸작들을 본 뒤 카페로 가 과거와 당대의 예술에 대해 서로 이야기를 나누었다. 그러면서 사유가 촘촘해지고 신념이 단단해졌다. 이를 두고 모네가 "게르부아에서 몇 주일을 보내면 누구라도 본인의 생각을 분명하게 정리할 수 있었다"라고 말하기도 했다.

드가는 마네의 인도를 받아 카페 게르부아에 등장했다. 그때부터 그에 대한 증언이 불어났고, 그 증언들을 통해 드가라는 인물을 좀 더 입체적으로 바라볼 수 있게 되었다. 1860년대 후반에 마네나 모로 같은 동료들은 파리 전체에 널리 알려져 있었지만, 드가는 카페 게르부아와 몇몇 예술가들 사이에서만 알려진 이였다. 드가는 기품 있고 세련된 태도, 신랄한 재담과 확고한 견해로 단박에 이목을 끌었다. 어떤 의미에서 이 점이 마네와 드가의 서로 다른 지향점을 보여준다. 마네는 파리에서 마주치는 누구나가 자신을 알아볼 만큼 유명한 사람이 되고자 했다. 반면 드가는 예술가가 너무 알려져서는 안 된다고 생각했다.

카페 게르부아를 찾은 이들은 마네와 드가가 쏟아놓는 말들을 경탄하면서 들었다. 한데 마네의 태도와 언어에 대한 증언은 엇갈린다. 마네의 말이 재치 넘쳤다는 증언도 있지만, 품위가 없었다는 증언도 있다. 사실 마네가 했다는 말들은 하나하나 나열해보면 그리 대단한 점은 없다. 어디까지나 담화의 맥락 속에서 그럴듯하게 느껴지고, 문면으로 옮기면 힘을 잃는 말들이다. 반면 드가의 말들은 텍스트에 얹어놓아도 칼날처럼 예리하다.

사람들이 카페에 가는 이유를 들자면 여러 가지가 있겠지만, 그

카페 게르부아가 있었던 클리시 대로

파리에서 누릴 수 있는 즐거움 중 하나는 역사를 간직한 오래된 카페를 찾아다니는 일이다. 한때 파리에만 3000개 넘는 카페가 들어섰을 만큼, 카페는 파리지앵들이 여가를 즐기고 쾌락을 좇는 장소로 많은 사랑을 받았다. 한때 상류층의 전유물이었던 카페가 대중에게도 퍼져 나가면서 파리 곳곳에 카페가 생겨났다. 훗날 인상주의를 탄생시킨 예술가들은 마네의 아틀리에에서 멀지 않은 곳에 있던 카페 게르부아를 자주 찾았다.

37. Paris. — Rue Dautancourt — Avenue de Clichy

중 중요한 한 가지는 이런 것이 아닐까 싶다. 카페에 가는 것은 집으로 돌아가지 않기 위해서이다. 어니스트 헤밍웨이의 단편소설 「깨끗하고 밝은 곳」에 이런 대목이 나온다.

"나는 늦게까지 카페에 남고 싶네." 나이 지긋한 웨이터가 말했다. "잠자리에 들고 싶지 않은 사람들, 밤에 불을 끄고 싶지 않은 사람들과 함께 말이야."

카페는 미련을 떨치지 못해 머무는 곳이다. 어스름이 깔린 거리에 의자와 테이블을 내놓은 카페에는 파리 사람들이 자리를 잡고 앉아 있었다. 저들 사이에 커피를 한잔 놓고 앉아 있고 싶었다. 나는 '카페 인간'이지만 정작 파리에서는 여유가 없어 에스프레소 한잔을 마시지 못했다. 아침에 숙소를 나설 때면 근처 카페에 들러 크루아상과 카페오레를 주문했다. 그리고 보니 여유가 아주 없지는 않았다. 문제는 저녁 무렵이었다. 나는 거의 매일 저녁, 숙소에서 가까운 스타벅스에 앉아 글을 썼다. 파리에서 스타벅스라니, 이건 새로운 종류의 피학증인가? 하지만 역설적으로 파리라는 도시에 가장 어울리는 대접이 아닐까? 파리에서 스타벅스에 갔다는 변명을 하려니 말이 길어진다.

플라뇌르 드가는 이런 고민을 할 필요가 없었다. 해가 지면 그는 카페 콩세르에 갔다. 그곳은 음악과 단막극을 비롯한 여흥을 제공하는 공간이었다. 19세기 말에 파리에는 2만 4천 개의 카페가 있었고, 그중에서 카페 콩세르는 200개 정도였다. 사람들은 술 한잔하

〈카페 콩세르〉 모노타이프에 파스텔, 23.5×43.2cm, 1876~1877, 코코런미술관, 워싱턴 D. C.
19세기 파리에는 샹젤리제 거리의 카페 앙바사되르부터 스트라스부르 거리의 엘도라도에
이르기까지, 많은 카페 콩세르가 자리를 잡고 있었다. 드가는 카페 콩세르를 배경으로 여러
점의 그림을 그렸는데, 그의 그림을 통해 당시 카페 콩세르의 구조와 분위기 등을 짐작할 수
있다.

면서 가수의 노래를 듣고 곡예사의 묘기를 쳐다보았다. 드가의 그림은 여러모로 카페 콩세르를 잘 보여준다. 무대 앞쪽에 악사들이 자리 잡고 있고, 악사들 바로 뒤에 관객석이 있다. 관객들은 악사의 뒤통수 위쪽으로 무대를 바라보게 된다.

드가가 즐겨 갔던 카페 앙바사되르에는 정원에 천막과 가스등이 설치되어 있었다. 그곳을 배경으로 그는 〈개의 노래〉를 그렸다. 작품의 모델은 당시 인기 있었던 가수 엠마 발라동으로, 그녀는 마치 개가 앞발을 내미는 것 같은 모습으로 노래한다고 해서 '개'라는 별명으로 불렸다. 드가는 그녀의 노래에 "발라동의 커다란 입에서 흘러나오는 관능적인 목소리는 더할 나위 없이 아름답고 부드러웠어! 인간의 목소리라고는 할 수 없었네"라며 찬탄을 보냈다. 드가의 작품에서 그녀의 관능적인 목소리가 들리지는 않지만, 역광을 받은 가수의 통속적이면서도 우아한 자태, 축복과도 같은 정원의 여유, 영롱한 조명과 환상적인 배경 속에서 카페의 시간을 느낄 수 있다.

드가의 그림에는 아래쪽에서 올라온 빛, 풋라이트를 받은 인물들이 많이 그려져 있다. 그는 햇빛에 관심이 없었다. 인상주의 예술가들에게 빛은 곧 태양광을 의미했기에 그들은 해가 지면 붓을 내려놓고 쉬거나 놀러나갔다. 마치 옛 농민들처럼 낮과 밤이 교차하는 시간에 맞추어 살아갔다. 하지만 드가는 도시 문명이 만들어낸 인공조명을 유일한 광원인 양 떠받들었다.

인공조명이 있는 실내, 그곳이 바로 카페였다. 파리의 카페를 그린 드가의 그림으로는 〈압생트를 마시는 사람〉이 단연 유명하다. 아침부터 카페에 앉아서 무엇을 해야 할지, 어디로 가야 할지 몰라

〈개의 노래〉 모노타이프에 구아슈와 파스텔, 51.8×42.6cm, 1875~1877, 개인 소장

드가는 기둥과 가스등, 가수의 코가 교차하는 구도를 써서 가수의 벌어진 입이 마치 화면의
중앙을 표시하는 것처럼 보이도록 연출했다. 그는 의외로 노래를 부르는 사람을 적잖이 그렸
다. 그림에서는 당연히 음악이 들리지 않으므로 이런 작품들은 회화의 한계를 드러낸다고도
할 수 있다. 하지만 드가는 한계를 두려워하지 않았다. 이 그림은 회화가 내놓은 음악에 대한
대답이다. 관람객의 귀에 음악이 꽂히지는 않지만, 분위기로 관람객을 사로잡는다.

넋을 놓고 있는 남녀의 모습을 그린 작품인데, 이 그림의 배경이 되는 카페는 '새로운 아테네'라는 의미의 누벨 아텐이다. 작품 속 여성 앞에 놓인 황록색 술이 바로 압생트이다. 고흐나 로트레크 같은 화가들이 압생트를 많이 마신 것으로도 유명하다. 값이 싼 데다 알코올 도수가 70퍼센트나 될 만큼 높아서 금방 취할 수 있었지만 그만큼 위험한 술이었다. 여러 가지 향초 추출물을 섞어 만들었기에 많이 마시면 환각과 무력감을 유발했다. 그런 압생트를 그림 속 여성은 아침 댓바람부터 한잔 받아놓고 있다. 그녀의 표정을 보면 스스로가 무엇을 하고 싶은지도 모르는 듯하다. 그림 왼쪽 테이블 위에 접혀 있는 신문은 이들이 카페를 방문한 시간이 이른 오전이라는 것을 알려준다. 아침부터 술을 마시고 있으니 지난밤을 함께 지낸 매춘부와 고객이라고 짐작할 수도 있다. 당시에는 매춘부들이 카페에 자리를 잡고 고객을 물색했기 때문에, 이러한 추측도 가능하다. 하지만 그림의 모델은 따로 있었는데 남성은 판화가인 마르슬랭 데부탱으로, 그는 마네의 그림에도 등장한 적이 있다. 여성은 모델인 엘렌 앙드레로, 그녀는 그림 속 자신의 모습을 보고는 설명할 길 없는 공허함에 충격을 받았다.

〈압생트를 마시는 사람〉을 보고 있으면 로트레크의 〈카페 라미에서〉가 떠오른다. 작품 속 '카페 라미'의 두 사람 앞에는 접시와 나이프, 포도주가 놓여 있다. 이들은 조금 전 간단한 식사를 마쳤으리라. 드가의 그림 속 카페가 황량하고 나른한 느낌을 준다면 로트레크의 그림 속 카페의 인물들은 허탈을 넘어 어딘지 초탈한 것 같은 분위기를 풍긴다. 드가의 그림 속 인물들이 우연이라는 덫에 걸려

〈압생트를 마시는 사람〉 캔버스에 유채, 92×68.5cm, 1875~1876, 오르세미술관, 파리

드가는 이 그림에 '카페에서'라는 제목을 달았지만, 예술가의 의도와 달리 지금과 같은 제목으로 불리게 되었다. 작품을 들여다보면 어깨가 축 처진 채 공허한 눈빛을 한 여자와, 그런 여성의 시선을 피해 다른 곳을 바라보는 남자가 나란히 앉아 있다. 굳게 다문 두 사람의 입을 통해 알 수 있듯이 그들 사이에는 무거운 침묵만이 감돌고 있다. 드가는 실존 인물을 모델로 이 그림을 그렸는데, 작품이 공개되자 모델 속 인물들은 알코올의존자라는 비난을 받게 된다. 결국 드가가 해명에 나섰지만, 여론은 잠잠해지지 않았다.

앙리 드 툴루즈 로트레크, 〈카페 라미에서〉

판지에 유채, 53×67.9cm, 1891, 보스턴미술관, 보스턴

앙리 드 툴루즈 로트레크는 몽마르트르에 아틀리에를 마련하고 그곳에 있는 술집과 창관 등
을 배경으로 그림을 그렸는데, 그의 작품에는 당시 퇴폐적인 분위기가 미화나 과장 없이 담겨
있다.

절망하고 있다면 로트레크의 그림 속 인물들은 파리의 부패한 공기에 잠겨 감각을 잃은 모습이다.

귀족 출신이었던 로트레크는 근친혼의 영향과 어렸을 적에 겪은 사고로 하반신이 성장하지 않았는데, 이에 대한 자격지심 때문인지 당시 귀족 출신의 예술가들과는 다른 행보를 선보였다. 파리의 향락가를 누비면서 그곳의 예술가들과 유흥 종사자들을 마음껏 그림에 담았던 것이다. 그의 작품에 담긴 단순하고 강렬한 색채와 활달한 선묘는 당시에 유행했던 일본 판화의 영향을 보여준다. 대도시의 이면을 냉정하게 포착한 점이나, 인공조명이 있는 실내를 주로 그린 것은 드가의 영향으로 볼 수 있다.

로트레크와 달리 드가의 유흥에 대해서는 알려진 것이 거의 없었다. 그런데 드가가 세상을 떠난 뒤, 그가 창관을 묘사한 모노타이프가 프랑스 소설가 기 드 모파상의 작품 『텔리에 창가 *La maison Tellier*』를 1934년에 볼라르가 복간한 판본에 삽화로 실리면서 공개되었다. 이 모노타이프들은 로트레크가 환락가를 누비고 다닌 것에는 미치지 못하지만, 드가가 그 세계를 잘 알고 있었다는 사실을 알려준다. 그의 창관 모노타이프는 1880년대 전후로 제작된 것으로, 현재 50여 점 남아 있다. 더 있었던 것으로 보이지만 드가의 동생 르네가 70점 넘게 파기했다. 아마도 노골적인 장면이 담겨 있어서 그랬던 듯싶다.

남아 있는 창관 모노타이프에는 매춘부들이 누가 보거나 말거나 마음껏 너부러지고 활개 치며 돌아다닌다. 코믹하고 풍자적인 드가의 그림을 로트레크의 그림과 비교해보면 흥미롭다. 로트레크가

1

2

1. 〈의자에 누운 여인〉
흑색 잉크의 모노타이프, 21.6×16.4cm, 1876~1877, 피카소미술관, 파리

2. 앙리 드 툴루즈 로트레크, 〈거울 앞에 선 여인〉
카드보드에 유채, 62.2×47cm, 1897, 메트로폴리탄미술관, 뉴욕
1920년대에 사진가 브라사이가 파리의 창관을 찍은 사진들에서도 여성들은 당당했다. 하지
만 서양예술에서 드가의 그림처럼 그녀들을 환탈하고 초연한 모습으로 묘사한 예는 매우 드
물다. 로트레크 또한 드가처럼 몽마르트르의 창관을 주제로 대담한 화면 구성을 선보였는데,
그는 강렬한 색채와 선을 통해 당시 매춘부들의 일상을 고스란히 담아냈다.

매춘부들에 대한 공감과 연민을 보여준다고 흔히 해석하지만, 과연 그럴까? 로트레크가 구사하는 지저분한 터치 때문에 때때로 그를 격정적인 예술가라고 여기지만, 실은 그는 더할 나위 없이 냉정한 관찰자였다. 창관을 그린 드가의 그림에서 이따금 등장하는 남성 고객이 매춘부들에게 절절매거나 그녀들의 기세에 눌려 쭈뼛거리는 것과 달리 로트레크의 그림에는 남성 고객이 아예 보이지 않는 점도 의미심장하다.

거리에서 영업하던 매춘부는 경찰의 단속은 피해야 했기에 고객에게 은밀히 신호를 보내야 했다. 드가가 1877년경에 그린 〈카페 테라스의 여인들〉은 그런 매춘부 여성의 모습이 잘 드러나 있다. 화면 오른편으로 한 남성의 실루엣이 사라지려 한다. 그런데 앉아 있던 네 명의 여성 가운데 왼쪽에 있는 두 번째 여성이 의자에서 엉덩이를 떼고 있다. 이 여성은 바깥쪽의 남성과 무언의 신호를 교환하고 그를 따라나서는 참일까? 물론 우연히 자리를 옮기는 것일 뿐일 수도 있다. 하지만 드가의 그림은 보는 이에게 상서롭지 않은 장면을 염탐하는 것 같은 느낌을 준다.

그의 그림을 보고 있으니 에드거 앨런 포의 단편소설 「군중 속의 남자」가 떠오른다. 이 소설은 런던의 카페에서 창가에 앉아 있던 남자가 밖을 지나는 군중을 유형에 따라 분석하는 장면으로 시작된다.

밤이 깊어질수록 나는 군중을 더 주의 깊게 살펴보았다. 시간이 지나면서 거리를 오가는 군중의 특징이 바뀌었고, 밤이 길어질수록

〈카페 테라스의 여인들〉 모노타이프에 파스텔. 41×60cm, 1877년경, 오르세미술관, 파리
왼쪽에서 두 번째 여성은 바깥쪽 남성의 움직임에 호응하듯 몸을 일으키고, 하늘색 옷을 입
은 여성은 초조한 듯 손톱을 깨문다. 19세기 파리에서 매춘부들은 카페나 뮤직홀에서 고객을
물색했다.

군중은 염치없고 거친 모습을 드러냈다. 점점 세게 타오르는 가스등의 불꽃처럼 모든 것은 어두워지면서 또한 화려해졌다.

그리고 포의 이 소설을 보들레르가 프랑스어로 옮겼다. 군중을 바라보고 군중 속을 누비는 관찰자. 보들레르는 플라뇌르로서의 화가를 탐정에 빗대었다. 이는 다른 누구보다 드가에게 어울리는 직함이다.

플라뇌르를 사로잡은 파사주

팔레루아얄에서 오페라가르니에 방향으로, 그러니까 센강 우안에서 북쪽 방면으로 가다 보면 파사주가 나온다. 파사주는 유리로 지붕을 씌운 상가로, 애초에 비나 눈이 내리거나 날씨가 안 좋을 때도 쇼핑을 할 수 있도록 마련된 공간이다. 대부분 19세기 초에 지어졌는데 많을 때는 150개까지 생겨났지만, 현재는 스무 개 정도만 남아 있다. 파사주에는 골동품 가게, 장난감, 기념품, 고서점, 판화를 비롯한 미술품 전문점, 술집, 카페, 식당이 들어서 있다. 파사주마다 이름도 있고 특성이 있다. 팔레루아얄에 인접한 파사주 슈아죌은 좁은 통로임에도 북적거리며, 파사주 베르도에는 카페와 비스트로가 많고, 파사주 주프루아에는 장난감 가게들이 많으며, 갈리 비비엔은 바닥 타일에서부터 레스토랑과 상점까지 온통 세련되고 부유한 분위기를 풍긴다.

파사주는 파리의 웅대한 시가지 곳곳에 숨겨진 동굴과도 같다. 발터 베냐민이 파사주에 대해 그렇게나 장황하게 써놓은 글이 아니었더라면 나는 그것들을 볼 생각조차 하지 않았을 것이다. 베냐민은 보들레르를 이어받아 파리의 플라뇌르에 거창한 의미를 부여했다.

베냐민의 『아케이드 프로젝트』에 등장하는 플라뇌르는 기이하고 모순적이다. 플라뇌르

19세기 파리의 모습을 간직한 파사주, 갈리 비비엔

에게는 소속도 거처도 없다. 그렇지만 마치 지질학자가 지층을 읽어내는 것처럼 파리를 읽어내는 예리한 관찰자이다. 베냐민은 플라뇌르를 확정적으로 규정하지 않고 모순적이고 다층적인 존재로 묘사했다. 모호하기에 해석의 여지도 넓어진다. 플라뇌르는 19세기 자본주의의 결정체인 파리를 바라보고 겪고 음미한다. 베냐민은 현대적인 도시가 자본주의의 요구에 따라 시민을 소비자로 만들었다고 했다. 도시를 누비고 다니는 플라뇌르는 자본주의가 만들어낸 사물에 매혹된다. 하지만 그러면서도 현대사회의 자본주의적 생산의 리듬을 거역한다. 플라뇌르는 파사주와 백화점처럼 상품 숭배가 이루어지는 공간을 한가로이 걸어 다닌다. 그리고 걸어 다니면서 자본주의의 생산물에 빠져든다.

베냐민은 플라뇌르를 사로잡은 환상을 '판타스마고리아'라고 하면서 파사주를 판타스마고리아를 보여주는 대표적인 장소라고 여겼다. 나는 거창하게 말하자면 판타스마고리아라는 용(괴물)을 보러 파사주라는 동굴(미로)로 들어갔다. 그런데 과연 내가 본 것이 판타스마고리아인지는 도대체 판단이 서지 않았다. 플라뇌르는 사로잡힌다. 하지만 거역할 수 있다. 플라뇌르는 거역한다. 하지만 사로잡힌다. 대도시와 플라뇌르에 대한 베냐민의 글은 그야말로 출구 없는 미로, 어떤 의미에서는 그 자체로 파사주의 구조를 이룬다. 베냐민은 판타스마고리아에서 깨어나야 한다고 했지만, 문제는 깨어난 다음을 상상하기 어렵다는 것이다. 그가 파리를 돌아다니던 시절에 파사주는 이미 쇠락한 공간이었다. 오스만의 대개조로 대로에 휘황한 상점과 백화점이 등장하면서 파사주는 인상주의 예술가들이 습작 시기를 보내던 1860년대부터 이미 퇴조를 겪고 있었다.

소요와 예술은 양립하기 어렵다. 돌아다니다 보면 예술가는 감각의 편린에 휘말리다 못해 그 자신도 해체되어버린다. 돌아다니면서 본 것을 그릴 수도 있고 떠오른 것을 적을 수도 있다. 그러나 어찌 되었든 이젤을 세우고 그려야 하고 책상 앞에 앉아 글을 써야 한다. 파편적인 스케치와 메모를 산더미처럼 쌓아놓는 데서 작품이 나오는 것은 아니다. 오히려 스케치와 메모 더미에 수렁처럼 빠져 허우적대다가 세월을 보내고 만다. 플라뇌르를 통찰했던 베냐민이 이 점을 잘 보여준다. 부질없는 가정이지만 베냐민이 제2차세계대전 때문에 파리를 떠나는 대신에 파리에서 10년, 아니 20~30년을 더 머물 수 있었다고 해도 파리의 플라뇌르에 대한 기획은 완결짓지 못했을 것이다. 왜냐하면 그는 결코 판타스마고리아에서 깨어나기를 원하지 않았기 때문이다.

파사주에서 대로로 나오면 햇빛에 눈이 부시다. 낮잠이라도 들었다가 깬 것 같은 느낌, 대낮에 영화관에서 영화를 보고 나온 것 같은 느낌에 사로잡힌다. 깨어나려면 우울과 환멸을 각오해야 한다. 그래서 베냐민은 우리가 깨어나야 한다면서도 스스로는 별로 깨어나고 싶지 않은 것처럼 파사주를 돌아다녔다.

움직임을 향한 열정

경마와 발레

속도를 쫓는 예술가들

몇몇 예술가는 오랫동안 천착한 주제와 함께 거론되곤 한다. 모네는 수련이고 드가는 경마와 발레다. 드가를 잘 모르더라도 경마와 발레를 많이 그린 화가라고 하면 금방 떠올린다. 경마를 그린 화가는 꽤 많지만, 그 누구도 드가만큼 탁월하지 못했다.

말은 유럽 미술에서 빼놓을 수 없는 주제이다. 레오나르도나 제리코 같은 화가들은 말의 힘차고도 복잡한 움직임과 곡선이 아름다운 몸매에 매료되었다. 무엇보다도 말은 기념비적이고 영웅적인 장면에서 빠질 수 없는 조역助役이었다. 이탈리아의 화가 베첼리오 티치아노를 비롯한 화가들은 군주나 귀족이 말 위에 앉아 있는 모습을 그리기 시작했다. 모델의 체격이 대단하지 않더라도 갑옷을 입고 말을 타면 당당한 위용을 드러냈다. 특히 17세기로 접어들면서 궁정화가들은 너나 할 것 없이 기마 초상화를 그렸다. 군주와 귀족들은 전투나 행군의 한복판에서 말의 고삐를 잡아채고는 멈칫거리는 말 위에 앉아 주변을 바라보았다. 대규모의 기병이 전장을 휩쓸었던 나폴레옹전쟁에서 말의 위세는 절정에 이르렀다. 하지만 19세기 중반 이후로 전쟁에서 말의 위력은 급감했다. 회화에서 전투와 군마를 묘사하는 방식도 바뀌었다. 번쩍이는 투구를 쓰고 검을 휘두르며 내달리는 기병들의 모습은 구시대의 유물이 되었다.

어떤 의미에서 경마장은 왜소해진 전장이었다. 영국에서 시작된 경마는 곧 프랑스에도 도입되었다. 사람들은 돈을 걸었고 이로 인해 많은 이들이 파산했다. 화가들은 영광을 그릴 수 없게 된 시대에 이제 여흥을 그렸다. 드가는 처음에 대도시의 취미를 그리려는 생각으로 경마에 주목했고, 여기에는 마네의 영향도 작용했다. 그래서 경마장의 모습, 경마를 둘러싼 관객의 모습을 그린 그림이라면 오히려 마네가 그린 그림들을 보는 게 더 나을 수도 있다. 예를 들어, 마네가 그린 〈불로뉴 숲의 경마〉(163쪽)는 말들의 빠른 속도가 두드러진다. 배경이 흐릿해지며 주변의 풍경과 형상이 섞여 들어가기 때문에 속도감이 그럴듯하다. 마네는 경주마들이 정면을 향해 달려오거나 앞뒤로 발을 뻗고 내달리는 장면을 그렸다. 경주마들의 속도 때문에 주변의 관객들은 뭉개져 보인다. 마치 빠르게 달리는 기차나 자동차 안에서 바깥을 볼 때 그렇게 보이는 것처럼.

기차와 자동차, 비행기 같은 교통수단에 익숙한 우리는 이런 종류의 속도감을 잘 안다. 19세기 중반 증기기관차의 속도는 약 시속 40킬로미터였는데 현재 이 정도 속도는 매우 느리게 느껴지지만, 당시에는 경이적이었다. 그 무렵 운행하던 우편 마차보다 세 배나 빨랐다. 유럽인들은 기차를 타면서 세상이 달라진 느낌을 받았다.

19세기 화가들의 경마 그림의 배경이 된 불로뉴 숲

1857년 나폴레옹 3세의 열렬한 후원에 힘입어 불로뉴 숲 안에 대규모 관중석을 갖춘 롱샹 경마장이 문을 열었다. 경마는 영국에서 들어온 경기였는데, 당시 수천 명의 관중을 끌어들임으로써 파리 시민들의 주요 구경거리 가운데 하나로 자리 잡아갔다.

기차를 이용하는 파리지앵들의 모습

19세기 프랑스에서 주요 도시를 연결하던 물적 네트워크가 철도였다. 철도가 확장되면서 도시와 농촌 간에 이동이 촉진되었는데, 파리지앵들은 기차를 타고 근교로 여행을 떠나는 등 새로운 여가 문화를 만들어냈다.

예전에는 자기가 살던 곳에서 다른 지역으로 여행한다는 것이 번거롭고 고통스럽고 때로는 위험한 일이었지만 이제 기차만 타면 어디든지 쉽게 옮겨 다닐 수 있었다. 자연스레 사람들의 생활은 기차 시간표에 맞춰졌다. 영국 추리소설가 코넌 도일의 작품에서 탐정 셜록 홈스는 사건 의뢰가 들어오면 가장 먼저 기차 시간표부터 확인하고 방을 나섰다. 드가는 한때 친했던 모로를 세상을 등진 양하면서도 교묘하게 세속적이라며 "기차 시간표를 훤히 꿰고 있는 은둔자"라고 비꼬았다.

차창 밖으로 휙휙 지나가는 풍경은 미증유의 경험이었다. 사람들은 형상이 흐릿해지고 공간이 무너지는 듯한 느낌에 사로잡혔다. 인상주의를 낳은 감수성은 속도를 둘러싼 새로운 감수성이다. 그런데 속도를 화면에 어떻게 담을 것인가? 사실 화가들은 움직이는 것을 그릴 수 없었다. 움직이면 모습이 변하기 때문이다. 신화나 역사의 장면을 그림으로 옮기기 위해서 모델들에게 자세를 취하게 했고, 그들은 일정 시간 꼼짝하지 않고 있어야 했다. 그래서 공중에 붕 뜨거나 하는 모습은 그리기 어려웠다. 이 경우에는 모델이 줄에 매달려 있거나, 혹은 몸을 바닥에 대고 자세를 취한 것을 마치 떠 있는 것처럼 그렸다.

초상화를 그릴 때도 마찬가지였다. 모델은 오랜 시간 화가 앞에 앉아 꼼짝 않고 있어야 했다. 군주나 귀족들의 늠름한 모습을 담은 기마 초상화는 달랐다. 모델은 말의 잔등 모양으로 만든 의자에 앉아 자세를 잡았다. 화가는 이렇게 인물을 그린 부분과 말을 그린 부분을 한 화면에 모아서 초상화를 완성했다.

모델은 정지해 있어야 했다. 수백 년 동안 이렇게 그렸기 때문에 다들 당연하게 여겼다. 물론 속사를 잘하는 화가도 있었지만, 속사만으로 그림을 완성할 수는 없는 노릇이었다. 그림을 마무리하려면 정교한 데생과 꼼꼼한 채색이 반드시 뒷받침되어야 했다. 본 것을 기억에 의지하여 되살려서는 작업을 진행하고 마무리해야 했다. 사람이 대상인 경우, 그들과 소통할 수 있기에 어느 정도는 제어할 수 있었다. 하지만 동물을 대상으로 한다면 이야기가 달라졌다. '달리는 말의 움직임'은 화가들에게 주어진 난제였다. 말의 움직임을 그리려는 화가들의 시도는 결실을 거두지 못했다.

19세기 초에 활동했던 제리코가 그린 〈엡섬의 경마〉에서는 말들이 하나같이 발을 앞뒤로 쭉쭉 뻗고 있다. 마네의 〈불로뉴 숲의 경마〉도 마찬가지다. 화가들은 말의 움직임을 포착할 수 없었다. 말이 속도를 내어 달릴 때 말의 네 다리가 어떤 방식으로 움직이는지 볼 수도 알 수도 없었다. 화가들은 석연치 않아 하면서 그릴 수밖에 없었다.

---

1. **제리코, 〈엡섬의 경마〉** 캔버스에 유채, 91×122cm, 1821, 루브르박물관, 파리
2. **에두아르 마네, 〈불로뉴 숲의 경마〉** 캔버스에 유채, 73×92cm, 1872, 휘트니미술관, 뉴욕
오스만의 주도로 시작된 파리 대개조로 인해 거리에는 극장, 광장, 공원, 카페 등이 들어섰다. 파리는 시민들에게 볼거리를 제공함으로써 그들의 여가 생활을 바꾸어놓았다. 당시 파리 시민들의 여가 생활 중에는 경마도 있었는데 나폴레옹 3세의 전폭적인 지지하에 경마는 급속도로 상류층을 파고들기 시작했다. 드가는 당시 유행하던 경마를 화폭에 담아냈지만, 그보다 앞서 이를 그린 이가 제리코와 마네였다. 〈엡섬의 경마〉와 〈불로뉴 숲의 경마〉는 황량한 들판을 배경으로 경마장의 풍경을 담고 있는데, 말들이 질주하는 모습에서 폭발적인 에너지가 느껴진다.

EDGAR DEGAS

163

19세기 중반을 지나면서 사진가들이 사람과 동물의 움직임을 연구하면서 비로소 말의 움직임을 포착할 수 있었다. 사진은 그때 까지 화가들이 풀지 못했던 문제를 너무도 간단히 해결해버렸다. 1878년에 미국의 사진가 에드워드 마이브리지가 경주마를 연속촬 영하는 데 성공했다. 그의 사진 속 말의 다리가 움직이는 모습은 충 격적이었다. 그때까지 화가들이 묘사했던 것과 전혀 달랐다. 다시 말해 사진을 통해서야 말의 움직임을 알 수 있었다. 사진을 통해 말 의 움직임을 파악하기는 했지만, 여전히 우리의 눈은 말의 움직임 을 따라갈 수 없다. 미리 본 사진을 떠올리며 짐작할 뿐이다. 사진으 로 볼 수 있게 된 것이 아니라 알게 된 것이다. 매체를 통해 감각이 발전한 것이 아니라 매체가 발전하는 속도 앞에서 감각은 오히려 점점 더 무력해진다.

드가는 경마를 많이 그렸지만, 경마장의 모습은 거의 그리지 않 았다. 다만 1869년부터 그리기 시작해 1872년경에 완성한 〈잘못 된 출발〉에는 드물게도 경마장 안에서 벌어지는 장면을 담았다. 제 목 그대로 부정 출발을 한 경주마가 속도를 줄이고 있다. 기수가 고 삐를 당기고 말의 발은 지면에 살포시 내려앉는다. 제리코와 마네의 그림에서와 마찬가지로 말은 발을 어정쩡하게 앞뒤로 뻗고 있다.

드가가 역동적인 주제를 많이 그렸기 때문에 그가 움직임과 속 도를 탐구한 예술가라고 생각하기 쉽지만 좀 더 파고들면 그는 움 직임은 탐구하되 속도의 문제는 제쳐두었다. 그가 그린 경주마들 은 서 있거나 천천히 걷거나 서성거린다. 대개는 경주가 시작되기 를 기다리는 모습들이다. 그는 선배들의 작업을 살펴보면서, 이 무

마이브리지, 〈달리는 말의 동작〉

마이브리지의 작품과 같이 일정한 시간과 간격을 두고 스틸사진을 연달아 촬영하여 사람의
눈으로는 볼 수 없었던 동작 등을 분석하는 방법을 '크로노포토그래피'라고 한다. 마이브리
지는 인간과 동물의 움직임을 여러 장의 사진으로 촬영했는데, 그의 사진 덕분에 당시 사람들
은 말이 어떻게 달리는지를 알 수 있게 되었다.

〈잘못된 출발〉 패널에 유채, 32.1×40.3cm, 1869~1872년경, 예일대학교미술관, 뉴헤이븐
부정 출발을 하는 바람에 기수와 말의 시간은 어그러지고 말았다. 기수는 말을 되돌려 다시
출발할 준비를 할 것이다. 지면에 미처 닿지 않은 발과 그림자의 간극이 긴장을 고조시킨다.

〈준비 중인 경주마들〉 캔버스에 유채, 46×61cm, 1866~1868, 오르세미술관, 파리

드가는 당시 상류계급에게 인기 있는 스포츠였던 경마를 주제로 한 그림을 많이 그렸는데, 경기 중인 말들의 모습보다는 경기 전과 후의 모습을 캔버스에 담아냈다. 이 그림 역시 그중 하나로, 경기 시작 전 흥분된 마음을 가라앉히며 필드에 나가려는 기수들의 모습을 그린 것이다.

럽 부상하던 사진도 의식하면서 말을 그릴 수밖에 없었다. 그가 경주마들이 빨리 달리는 장면을 그리지 않은 것은 경주마들의 발놀림을 그리는 데 어려움을 겪었기 때문이기도 하다. 다른 화가들과 마찬가지로 그는 마이브리지의 촬영에서 충격을 받았고, 회화의 한계를 인정할 수밖에 없었다.

드가의 그림이 만들어내는, 묘하게도 앞뒤로 오랜 시간을 지시하는 것 같은 느낌, 찰나를 영속으로 만드는 것 같은 느낌이 여기서 연유한다. 그래서 그가 그린 경주마들은 때로는 얼어붙은 것처럼 보인다. 반면 마네의 그림에서는 찰나가 찰나로 느껴진다. 심지어 어느 정도 이어지는 시간조차도 한순간 스쳐 지나가는 것으로 느껴진다. 마네는 시간에 실려 스쳐 지나갔고, 드가는 시간을 화면에 담으려 했다. 마네는 그림을 마무리하면 미련을 두지 않았다. 그저 다시 그리면 되리라 생각했기 때문이다. 반면에 드가는 같은 주제, 같은 장면을 여러 차례 그렸고, 작품 하나하나를 거듭 수정했다. 이 때문에 그의 그림이 지닌 정적인 성격은 더욱 강해졌다.

드가와 함께 인상주의 그룹을 대표하는 화가 모네는 1880년에 인터뷰하던 잡지기자가 화실을 보여달라고 하자 "자연이 바로 내 화실"이라고 답했다. 모네는 자신이 자연과 직접 접촉하며, 자연과 자신 사이에는 아무런 매개가 없다고 주장했다. 하지만 다른 예술가들은 모네가 정직하지 않다고 여겼다. 모네는 순간을 포착하려 했지만 실제로는 '지속'을 통해 작업했다. 풍경을 그렸던 다른 인상주의 예술가들과 마찬가지로 그도 야외에서 시작한 그림을 화실에서 손질하고 완성했다. 실내에서 마무리할 때 화가는 자신의 기억에 의지해 작업해야 했다. 이는 자연과의 직접적인 대면이 아니다. 자연과 화가 사이에는 기억과 의지가 개입한다. 이러한 점 때문에 드가는 모네의 방법론이 가당치 않다고 생각했다. 모네가 중년 이후로 내놓은 여러 연작 역시 표피적이고 감각적인 상품일 뿐이라 여겼다.

드가는 순간을 깊이 의식했기에, 순간을 그릴 수 없다는 것 또한 깊이 의식할 수밖에 없었다. 그 결과 그는 시간의 흐름이 느껴지지 않는 화면을 만들어냈다. 역설적이다. 하지만 경마에 속도만 있는 건 아니다. 사실 말이 달리는 시간은 잠깐이다. 드가는 순간을 직조하여 새로운 시간을 구축했다. 어쩌면 사진에 맞선 그만의 방법이라고도 할 수 있다.

드가는 말에서 내린 기수, 기수를 태우지 않은 경주마를 거의 그리지 않았다. 그가 경주마를 그린 그림을 보고 있으면 애초에 말과 사람이 한 몸인 것 같은, 마치 켄타우로스를 보는 듯한 느낌이 든다. 그의 그림 속 경주마와 기수 세트는 화면에 오려 붙인 색종이 같다. 드가의 나이가 들수록 이러한 경향은 뚜렷해졌다. 말의 움직임보다는 색채와 구도를 비롯한 시각적인 효과가 더 중요했기 때문이다.

화려한 무대 뒤의 발레리나

어떤 의미에서 드가는 일관되게 세상을 무대처럼 바라보았다. 그가 초기에 그렸던 역사화에서도 인물들은 마치 무대에서 연기하는

드가의 발레 그림의 무대가 되었던 오페라가르니에

파리 9구의 오페라 거리 끄트머리에 자리 잡은 오페라극장으로, 건축가 샤를 가르니에가
1862년에 착공해 1875년에 개장했다. 국립오페라단이 1989년에 개관한 오페라바스티유로 옮
겨 가면서 과거의 영광이 점차 사라졌지만 오페라가르니에는 여전히 파리를 대표하는 오페라
극장으로 평가받는다. 드가는 이곳을 자주 드나들며 발레리나의 모습을 그렸다.

배우처럼 보인다. 역사화에서 벗어나면서 그는 그저 이야기가 전개되는 배경으로만이 아니라 무대 자체가 빚어내는 만화경과도 같은 효과를 의식하게 되었다.

무대에 선다는 것은 무척이나 두려운 노릇이다. 일단 모두의 시선을 받는 자리이다. 제의가 행해지는 공간이고 승패가 판가름 나는 장소이다. 한편으로 무대에서 전개되는 환상의 뒤편에는 톱니바퀴처럼 맞물려 돌아가는 또 다른 세계가 있다. 공연을 준비해 무대에 올리는 사람들과 무대에 서기를 지망하는 사람들, 그 과정에서 탈락하는 이가 있다.

드가는 무대 위에 선 사람과 이를 바라보는 사람 사이에 생겨나는 미묘한 분위기에 주목했다. 그러니 그의 그림에서 처음부터 발레리나가 주역이었던 것은 아니다. 드가는 먼저 무대 아래쪽에 자리 잡은 오케스트라를 주제로 삼았다. 1872년 작품으로 연주자의 외양을 차분하고 단단하게 묘사한 〈오페라극장의 오케스트라〉가 이를 잘 보여준다. 드가는 애초에 이 그림을 연주자의 초상화로 생각하고 그렸다. 뒤이어 그린 〈오케스트라의 연주자들〉에서 그는 아예 작정하고 연주자의 뒤통수로 화면을 가득 채운다. 답답하게 시야를 가리는 연주자들 위쪽으로 화사한 의상을 입고 밝게 웃는 발레리나의 얼굴이 살짝 보인다. 무대 위의 세계는 동경처럼, 암시처럼 떠오른다.

드가는 발레리나들의 화사한 모습을 마주할 자신이 없었던 듯하다. 그가 무대를 그린 그림들에서는 그의 시선이 악단의 자리에서부터 마치 뱀처럼 기어 올라가 무대 위에 자리를 잡는 과정이 보인

다. 처음에는 연주자들에게 초점을 맞추면서 무대를 흘끗거리다가 비로소 무대를 똑바로 본다. 그는 발레리나들이 뛰고 걷고 나란히 하고 도약하고 나아가고 물러가는 모습에 매혹되었다. 그녀들의 특별한 움직임과 태도가 만들어내는 회화적인 가능성에 사로잡혔다.

19세기 발레리나들의 처지는 좋지 못했다. 대부분 노동자계급 출신이었던 그녀들은 일곱 살이나 여덟 살 때부터 훈련을 받았다. 열 살 무렵에 재능에 따라 한 차례 걸러졌고 한 해에 한 번 혹은 두 번씩 수준을 평가하는 시험을 치른 뒤 그 결과에 따라 급여가 결정되었다. 발레리나들은 고단한 연습을 계속하면서 치열한 경쟁을 감내해야 했지만, 급여가 많지 않았을뿐더러 밝은 미래도 기대할 수 없었다. 그래서일까. 당시 많은 발레리나가 돈을 받고 몸을 팔았다고 한다. 이는 어느 정도 신빙성 있는 이야기라는 것이 밝혀졌다. 드가의 그림을 통해서도 이 같은 사실을 알 수 있는데, 〈분장실의 발레리나〉를 보면 의상을 정리하는 발레리나 옆에 나이 든 남성이 앉아 있다. 후원가로 보이는 이 남성은 다른 사람들의 눈을 피할 생각 같은 것은 하지 않고 대기실뿐 아니라 무대 앞뒤로도 드나들었을 것이다. 우리가 이 그림에 묘사된 후원가를 보고도 두 사람의 관계를 단박에 알아차리지 못하는 까닭이 바로 이러한 당당함 때문이다.

〈오케스트라의 연주자들〉 캔버스에 유채, 63.6×49cm, 1872, 슈테델미술관, 프랑크푸르트
이 작품을 보면 세 사람의 뒤통수가 화면을 가득 메우고 있어 답답한 느낌이 들 법하지만, 오히려 이 때문에 하늘거리는 회색과 분홍색 튀튀(발레를 할 때 입는, 주름이 많이 잡힌 스커트)를 입은 발레리나의 모습이 더욱 화사하게 느껴진다.

〈분장실의 발레리나〉

종이에 구아슈와 파스텔, 60×40cm, 1880년경, 오스카레인하트 재단, 빈터투어

화면 왼편 끄트머리에 앉은 남성의 모습이 웅색해 보이지만 그로서는 가까이서 발레리나를 쳐다보는 특권을 누리는 중이다. 드가는 분장실의 문을 반쯤 열어놓아 마치 지나가던 사진기자가 그 모습을 재빨리 담아내기라도 한 것처럼 연출했다.

〈발레 수업〉 캔버스에 유채, 83.5×77.2cm, 1874, 메트로폴리탄미술관, 뉴욕.
19세기 유명 무용가이자 안무가인 쥘 페로가 발레를 지도하는 모습을 그린 것이다. 드가는
작품 속 발레리나와 안무가를 따로따로 연구하여 그린 다음에 한 화면에 합쳤다. 이 인물들은
드가의 다른 그림에도 여러 차례 다시 등장한다.

드가가 발레 무대를 많이 그렸다고 생각하기 쉽지만 실제로 그의 발레 그림 중에서 무대 위를 그린 작품의 비중은 매우 적다. 대부분 공연 시작 전이나 공연이 끝난 직후의 모습, 공연을 준비하는 과정을 주제로 한다. 이 같은 주제를 한 그림 중에서 널리 알려진 〈발레 수업〉(175쪽)도 옷매무새를 다듬고, 신발 끈을 감고, 수업을 받고, 연습을 하는 발레리나들의 모습을 그린 것이다. 연습실 중앙에 발레 마스터가 심각한 표정으로 바라보고 있고, 그 앞에서 발레리나가 '애티튜드(몸을 한 다리로 지탱하고 다른 한 다리는 무릎을 굽혀 90도 각도로 뒤로 올리는 발레 동작)'를 취하고 있다. 한편 진지한 두 사람 주위에 있는 이들의 시선과 몸짓은 제각각이다. 연습실 안쪽 벽에 모인, 평상복 차림의 여성들은 발레리나들의 어머니들이다.

드가의 발레 그림에서 또 하나 눈에 띄는 점이 바로 발레리나의 어머니들이 곧잘 함께 그려져 있다는 것이다. 실제로 그들은 자녀의 시중을 드는 것은 물론, 제대로 하고 있는지 감시하듯 딸들을 바라보았다. 발레리나와 그녀의 어머니가 나란히 앉아 있는 〈기다림〉에도 이러한 당시 상황이 담겨 있다. 그림을 들여다보면 중요한 시험을 앞둔 듯한 발레리나가 발목을 만지고 있다. 발목이 좋지 않은 것으로 보이는데 쉬면서 관리를 받을 처지도 아니었을 것이고, 상태가 나빠지면 발레를 그만둘 수밖에 없었으리라. 어머니는 딸을 보고 있지 않다. 딸이 안쓰러우면서도 집안 살림도 걱정이었을 것이다. 앞서 이야기했듯이, 드가의 그림에서 사람이 모여 있는 곳의 분위기는 좋지 않다. 인물들 사이에는 갈등과 고통만이 생겨나고, 그들은 자신의 의지와는 상관없이 서로를 소외시킨다.

〈기다림〉 종이에 파스텔, 48.3×61cm, 1882년경, 세이폴게티미술관, 로스앤젤레스
착잡하고 심란한 공기를 드가만큼 잘 보여준 화가가 또 있을까?

드가의 발레 그림 속 또 다른 특징은 많은 경우 발레리나들이 부채를 들고 다닌다는 점이다. 당시에 선풍기나 에어컨은 당연히 없었을 테니 그녀들은 더위와 땀 때문에 괴로워했고 옷 사이로 손을 넣어서 긁거나 등 뒤로 팔을 돌려 긁었다. 드가는 그러한 순간을 놓치지 않았고 캔버스에 담아냈다. 그뿐 아니라 그는 발레의 여러 동작, 발레리나들이 취하는 다양한 자세를 마치 퍼즐처럼 끼워 맞춰가며 여기저기 그려 넣었다.

그의 그림을 보면 발레라는 장르가 기본기를 익히기 위해 끝없이 연습해야 하는 것은 물론 무대 위 완벽한 모습을 연출하기 위해 안무가 기계적으로 나올 수 있도록 숙달해야 한다는 점을 분명히 알 수 있다. 발레리나들은 체계와 순서에 맞춰 구성된 프로그램을 연습하고 또 연습했다. 드가에게 회화를 비롯한 다른 예술도 이와 마찬가지였다. 발레리나들이 연습을 거듭한 것처럼 그도 주제를 집요하게 되풀이하면서 최선의 결과물을 추구했다.

절묘한 시점이 만들어낸 걸작

드가는 구경하는 사람을 구경하는 화가, 바라보는 사람을 바라보는 화가였다. 그러면서도 '구경하는 사람'이나 '바라보는 사람'이 만들어내는 드라마에는 관심이 별로 없었다. 구경하는 행위, 바라보는 행위와 여기서 비롯되는 조형적인 계기에 더 흥미를 느꼈다.

그는 박스석에서 무대를 내려다보는 그림도 여럿 그렸다. 그중에서 가장 유명한 작품이 1876년경에 그린 〈에투알〉이다(15쪽). 수석 발레리나가 풋라이트를 받으며 앞으로 나오는 모습은 환상의 결집체이지만, 그녀의 바로 뒤쪽으로는 무대 배경막 사이사이에 서서 대기하는 다른 발레리나들의 모습이 보인다. 그리고 검은색 정장 차림의 후원자가 주머니에 손을 넣은 채 무대 위 수석 발레리나를 바라보며 서 있다. 이처럼 드가는 몽환적인 아름다움과 비참한 현실이라는, 이질적인 두 요소를 한데 섞어놓았다. 수석 발레리나의 머리 장식이 마치 배경막에 붙어 있는 것처럼 보이게끔 그린 것도 얄궂다. 배경막의 바깥쪽 선을 발레리나의 머리칼과 겹치게 하거나 아예 두 요소의 간격을 벌릴 수도 있었겠지만, 무자비한 드가는 그림을 보는 이들이 마음 놓고 환상에 빠져들 수 없도록 만들었다.

그는 내려다보는 시점뿐 아니라 올려다보는 시점도 절묘하게 활용했다. 1879년 작인 〈페르난도 서커스의 라라 양〉은 당시 현란한 구경거리였던 서커스에 대한 드가의 시선을 보여준다. 다른 예술가들이 서커스를 그림에 담아낸 방식과 비교하면 그의 독특한 관점이 확연하게 드러난다. 여성 곡예사는 공간을 장악하기 위해 분투한다. 그녀가 의지할 것이라고는 밧줄과 그동안 연마한 솜씨뿐이다. 모두의 시선 속에서 그녀는 누구보다 고독하다.

드가의 시선은 마치 카메라와 같다. 매인 데 없이 자유롭게 아래쪽을 내려다보았다가 위쪽을 올려다본다. 마치 카메라 렌즈를 확대한 것처럼 끌어당긴다. 하지만 당시에는 줌렌즈도 없었고, 사진가들은 분방한 시점을 구사하지도 않았다. 흔히 '사진적인 시각'이라는 것은 드가가 카메라에서 배운 것이 아니라 그것보다 앞서서 다

〈페르난도 서커스의 라라 양〉 캔버스에 유채, 117.2×77.5cm, 1879, 내셔널갤러리, 런던
페르난도 서커스는 프로도광장에 자리를 잡아 1875년부터 공연을 시작했다. 당시 서커스는
몽마르트르 예술가들에게 주요 볼거리 가운데 하나였다. 드가 역시 서커스를 보러 다녔는데,
1879년 1월 19일부터 25일까지 그가 네 번 정도 서커스를 구경했다는 기록이 남아 있다.

다른 영역이었다. 그렇다고 사진이 그의 스타일을 따라 할 수 있는 것도 아니었다. 우연처럼 보이지만 철저하고 정교하게 구성한 것이었기 때문이다.

과감한 화면 구성

드가의 그림 속 세계는 종종 한쪽으로 치우쳐져 있다. 〈연습봉으로 연습하는 두 발레리나〉는 그런 치우침을 가장 적극적으로 활용한 예이다. 그림의 주인공은 두 발레리나가 아니라 오히려 연습실의 바닥 같다. 두 사람이 분출하는 에너지는 연습봉의 방향을 따라 화면 왼쪽과 오른쪽으로 흘러나간다.

화면의 중심을 차지하는 요소를 괴상한 방식으로 요리하는 드가의 경향은 초기작인 〈국화와 여인〉에서부터 분명하게 드러난다. 전통적으로 서양미술에서는 주제의 위계가 뚜렷했다. 꽃은 아름답지만, 인물보다 부차적인 제재였다. 인물과 꽃을 함께 그릴 경우, 인물에 중점을 두었으며 꽃은 인물을 아름답게 꾸며주는 요소였을 뿐이다. 하지만 드가는 그런 기대를 여지없이 배신했다. 그림의 주제는 여인인가, 꽃인가? 작품을 보는 이는 낯선 느낌을 받으며 이를 어떻게 받아들여야 할지 모르게 된다. 드가가 꽃을 그린 것 자체가 이례적이었다. 이러한 제재를 선택한 것부터 보는 이의 기대를 배신하기 위한 궁리였던 셈이다.

드가의 그림을 보고 있으면 종종 설명하기 어려운 불온한 느낌에

〈연습봉으로 연습하는 두 발레리나〉

캔버스에 혼합 매체, 75.6×81.3cm, 1877, 메트로폴리탄미술관, 뉴욕

드가를 존경했던 고갱은 그가 왜 그림에 서명을 넣는지 모르겠다며, 그의 그림은 서명 없이도 알아볼 수 있다고 했다. 하지만 이 작품을 보면 드가가 왜 서명을 넣었는지 짐작할 수 있다. 물뿌리개 옆에 절묘하게 자리 잡은 그의 서명은 화면에서 균형추 기능을 한다.

〈국화와 여인〉 캔버스에 유채, 73.7×92.7cm, 1865, 메트로폴리탄미술관, 뉴욕
초상화인지 정물화인지 그 분야가 모호할 만큼 드 가는 인물과 사물의 비중을 동등하게 다루
었는데, 이는 당시 유럽에 유행하던 우키요에에서 영감을 얻어 형태의 절단과 과감한 구성을
선보인 것으로 보인다. 처음에 이 그림 속 주인공이 미술 애호 가의 딸인 엘렌 에르텔이라 여겨
졌으나, 최근에는 발팽송의 아내이리라고 추측한다.

사로잡히게 되는데, 그것은 그가 화면을 이루는 요소들 사이의 위계를 집요하게 흐트러뜨렸기 때문이다. 마땅히 화면에서 중심적인 역할을 할 것이라 기대되는 요소를 부차적인 것으로 전락시키고, 부차적인 요소여야 할 것들이 화면의 중앙을 차지하거나 화면 전체를 장악하고 있다. 요컨대 중심과 주변의 관계가 뒤틀려 있다. 이런 의미에서 드가의 화면은 대단히 역동적이며 더 나아가 전복적이다. 위계와 가치가 흔들리며 화면을 구성하는 요소들이 마치 바둑판의 돌들처럼 이리저리 재배치되기 때문이다.

드가가 1872년에 그린 〈르펠레티에 거리 오페라극장의 발레 교실〉은 아예 화면 한가운데에 빈 의자가 덩그러니 있고 그 위에 붉은색 쥘부채만 놓여 있다. 이런 구도를 내놓으면서 예술가 자신은 자못 당당하다. 가장 요긴한 부분이 비어 있는 화면, 중심이 없는 세계이다. 그럼에도 드가의 '빈 가운데'는 매혹적이다.

'공백'과 '가림'이 만들어낸 효과

1872년에 드가는 미국으로 여행을 떠났다. 런던과 뉴욕을 거쳐 친척들이 사는 뉴올리언스로 가 그곳에서 다섯 달을 머물렀다. 이 시기에 그가 그린 〈뉴올리언스의 면화 거래소〉는 그의 성숙한 역량을 보여주는 걸작이다. 현대 도시의 사무실에서 너무도 흔하게 볼 수 있는 모습이지만, 드가보다 앞서 이렇게 그린 화가는 없었다. 한쪽에 면화 샘플이 놓인 사무실에서 어떤 이는 일에 몰두하고 있고 또

〈르펠레티에 거리 오페라극장의 발레 교실〉

캔버스에 유채, 32×46cm, 1872, 오르세미술관, 파리

발레리나를 바라보며 지팡이를 짚고 서 있는 이는 페로로, 드가가 나중에 그려 넣은 것이다.

작품의 무대가 되었던 오페라극장은 오래전에 소실되어있다.

뉴올리언스의 드가 하우스

1872년 드가는 동생 르네와 함께 런던과 뉴욕을 거쳐 뉴올리언스에 도착했다. 드가는 미국의 잠재력과 매력을 실감했지만, 적극적으로 파악하려 하지 않고 뉴올리언스의 프랑스계 사회에만 머물렀다. 친척들이 그의 그림을 달가워하지 않았기에, 드가는 뉴올리언스에서 그린 작품들을 전부 파리로 가져왔다.

어떤 이는 한가로워 보인다. 그림 속 남성들은 서로를 쳐다보지도 않는다. 사무실 중앙, 그러니까 그림의 중심에는 드가의 동생인 르네 드가가 의자에 앉아 신문을 보고 있다. 여기서도 드가는 화면 중심에 일종의 공백을 만들어 일견 산만하고 태만하지만, 종종 뜻하지 않는 방향으로 굴러가서는 그것에 매달려 있던 사람들까지 한꺼번에 뭉개버리는 산업의 생리를, 통일된 질서도, 가치의 위계도 없는 현대성의 단면을 드러냈다.

이 작품에서 신문을 읽는 남성은 변주되어 드가의 다른 작품인 〈발레 수업〉에도 등장한다. 이번에는 발레리나들의 연습실 한복판이 그림의 배경이다. 그녀들이 한창 연습하는 곁에 그들 중 한 명의 어머니로 보이는 이가 신문을 읽고 있다. 딸은 긴장과 피로 속에 정신이 혼미할 지경이지만, 어머니는 그런 딸의 고통을 나눌 수 없기에, 가까이 있으면서도 전혀 다른 세상을 살고 있다. 공간의 한복판에서 신문을 읽는 사람은 일단 주변의 눈치를 보지 않아도 되는 사람이다. 왜 거치적거리게 이런 데 앉아 딴짓하고 있느냐고 책망 들을 염려를 하지 않는 사람이다. 자리는 차지하고 있지만, 의미는 공백이다. 그런데 딴에는 자신만의 세계에 빠져 있으니 소외의 효과는 증폭된다.

드가는 '가리는 장치'도 잘 활용했다. 그가 곧잘 화면의 가장자리에서 자르는 방식 또한 인물이나 사물 일부를 화면 바깥에 '가리는' 것이라고 할 수 있다. 그런데 아예 화면 안에 여백이라고 해야 할지 공백이라고 해야 할지 난감한 가리개를 그려 넣었다. 메트로폴리탄 미술관이 소장하고 있는 〈모자점에서〉가 그런 그림이다. 이 작품에

〈뉴올리언스의 면화 거래소〉 캔버스에 유채, 73×92cm, 1873, 포미술관, 포

드가가 뉴올리언스에 머물며 그린 것 중에서 가장 중요한 작품이자, 미술관에 팔린 그의 첫 작품이다. 이 작품에는 드가의 외삼촌 미셸 뮈송이 운영하는 회사에서 일하는 열네 명의 남자가 등장한다. 의자에 앉아 신문을 보고 있는 사람은 드가의 동생 르네이고, 왼쪽 창가에 기대어 면화를 살펴보는 광경을 지켜보는 사람은 또 다른 동생 아실이다. 그림 속 인물들이 저마다의 행동에만 집중하고 있어, 그들 사이에 소통이 결여되어 있다는 느낌이 든다.

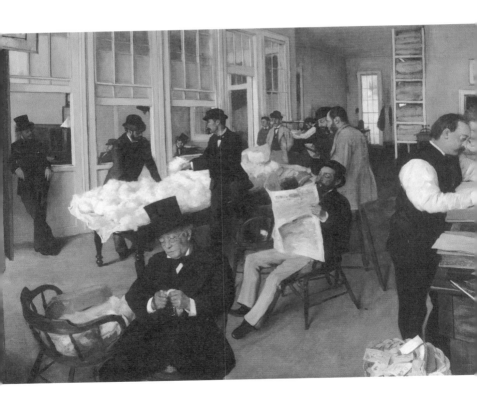

〈발레 수업〉 캔버스에 유채, 82.2×76.8cm, 1880~1881, 필라델피아미술관, 필라델피아

가족이 같은 공간에 함께 있어도 처지가 다르면 저마다 감정도 다르게 느낄 수밖에 없다. 인간은 어쩔 수 없이 제각각이다. 인간을 묶는다고 여기는 외부적인 장치들의 허구성을 드가는 너무도 잘 알았다.

서는 드가의 동료 예술가인 커셋이 거울 앞에서 모자를 써보고 있다. 그런데 거울이 점원의 몸을 반쯤 가리고 있다. 점원은 얼굴이 없는 존재이다. 물론 가려졌다고 얼굴이 없어지는 것은 아니다. 〈모자점에서〉는 당시 프랑스에서 유행했던 일본 판화 우키요에와 관련지어볼 수 있다. 우키요에 화가들은 화면에 칸막이를 배치해 공간을 색다르게 연출하곤 했다.

우키요에는 유럽 예술가들에게 신선한 충격을 주었다. 여러모로 유럽 회화가 기본 전제로 삼았던 것들을 뒤집었다. 일단 강렬한 색채와 시원시원한 필치가 눈길을 사로잡았다. 거기에는 단순한 기법에 독특하고 참신한 시각이 담겨 있었다. 자연을 주된 모티프로 삼은 작품이 많았고, 그때까지 유럽의 화가들이 구도를 잡는 것과 전혀 다른, 묘하게 비켜난 시점과 파격적인 구도가 있었다. 드가가 화면을 이리저리 자르고 가리며 공간을 변주했던 것은 우키요에 화가들 가운데에도 우타가와 히로시게의 영향을 받은 것으로 보이고, 기발한 시점과 역동적인 구도를 구사한 것은 가쓰시카 호쿠사이를 연상케 한다.

유럽의 예술가들이 우키요에를 비롯한 일본 미술품에 매력을 느낀 양상은 두 갈래로 나누어볼 수 있다. 하나는 이국적인 풍물에 대한 호기심이고 다른 하나는 일본 미술품의 조형 원리와 미의식 탐구이다. 우키요에에 열광했던 것으로 잘 알려진 고흐가 그린 〈탕기 영감의 초상〉 같은 작품은 전자에 가깝다. 하지만 드가는 소위 일본적인 울긋불긋한 색채, 기이한 장식에는 별 관심이 없었다. 그의 관심사는 어디까지나 우키요에에서 선보인 독특한 시점과 발상이었다.

⟨모자점에서⟩ 회색 종이에 파스텔, 76.2×86.4cm, 1882, 메트로폴리탄미술관, 뉴욕
가린다고 사라지거나 반 토막 나지 않는다는 것은 누구나 잘 알지만 보이는 것과 인식 사이의
괴리를 순간적으로 접하면 당혹스러워지며, 어떤 근원적인 긴장을 느끼게 된다. 이를 잘 알았
던 드가는 가리는 장치를 활용해 그림을 구성하곤 했다.

어떤 면에서는 드가가 우키요에의 조형적인 탁월함을 가장 잘 파악한 화가라고 할 수 있다. 그는 일본의 부채 그림에서 착안하여 부채모양의 화면에 그림을 그리곤 했다. 발레리나들의 모습도 부채에 담았고, 카페 콩세르의 영롱한 조명 아래에서 노래하는 가수도 담았다. 그의 그림들을 보고 있노라면 해가 지평선 위로 올라왔다가 그 아래로 사라지는 궤적과도 흡사한 부채꼴에 꿈결 같은 형상이 떠오른다. 일본어로 '우키요'는 '뜬세상'을 의미한다. 애초에 '슬픈 세상憂世'이었는데 에도시대에 사회적 분위기가 밝아지면서 한자를 바꾸어 넣어 '뜬세상浮世'이 되었다. 그래서 우키요에는 한 번 지나가면 다시 오지 않을 시간을 탐닉했다. 드가의 그림도 그러했다.

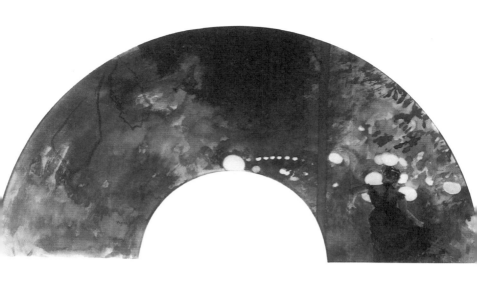

〈카페 콩세르의 가수〉 실크에 수채, 30.7×60.7cm, 1880, 카를스루에국립미술관, 카를스루에
유럽 미술의 바탕과 동양에서 온 영감. 누구에게나 비슷한 환경이 제공되었지만, 드가는 전혀
다른 것을 만들어내곤 했다. 그는 새로운 구도로 대상에 접근하는 방법을 찾기 위해 다양한
기법을 구사하면서 스무 점가량의 작품에서 부채꼴 화면을 사용했다. 이 그림에서 부채꼴과
가수의 몸짓은 서로 호응하는 것처럼 보인다.

드가의 유산

종잡을 수 없는 드가

　드가의 일상은 규칙적이었다. 낮에는 종일 작업실에서 그림을 그렸고, 저녁에는 오페라를 보러 가거나 친한 사람의 집에 식사하러 갔다. 일상을 벗어난 행태가 거의 없기에 일상적인 인간이라고 할 수도 있겠지만, 정작 일상에 천착하지는 않았다. 발레리는 『드가·춤·데생』에 드가의 집에 방문했을 때 있었던 일을 써놓았다. 하녀 조에에 클로지에가 갑자기 쓰러져 숨을 못 쉬자 드가는 어찌할 바를 몰랐는데 발레리가 응급처치한 덕분에 그녀는 위기를 넘길 수 있었다. 발레리는 드가처럼 상식과 교양을 갖춘 사람이 일상을 영위하는 데 필요한 최소한의 지식도 없었다는 점에 당혹스러워했다.

　한편 드가가 매사에 까다로웠으니 음식에 대해서도 불평이 많았을 것 같지만, 그런 경우는 별로 없었다. 말년에 그의 살림을 돌보던 하녀 조에는 음식 솜씨가 좋지 않았는데, 드가의 집에서 식사하던 손님들은 조에가 내놓은 형편없는 음식을 그가 별 불평 없이 먹는

자택에서 가정부 조에와 함께 촬영한 사진

사람들은 까다로운 드가 때문에, 하녀가 쩔쩔매며 지낼 것이라 짐작했지만 실제로 드가는 말년을 함께 보낸 하녀 조에에게 쥐여살았다. 그는 조에가 만든 이상한 음식도 군말 없이 먹었다. 조에는 드가가 세상을 떠날 때까지 35년 동안 그를 보살폈다.

모습에 놀라워했다. 어쩌면 드가의 미각이 좀 둔했을지도 모른다. 그에게서는 마네나 모네처럼 식사 장면이나 음식을 그린 그림을 찾아보기 어렵기 때문이다. 또 드가는 꽃을 잘 그렸지만, 많이 그리지는 않았으며 꽃향기를 싫어했다. 주변 사람이 저녁 식사에 초대하면 식탁에 꽃을 올려놓지 말라고 단서를 달거나, 승합마차에서 여성들이 들고 탄 꽃 때문에 숨을 못 쉬었다고 투덜거렸다.

화상 볼라르는 빅토르 마세 거리에 있었던 드가의 아파트에 대해 이렇게 묘사했다. "그곳은 생활공간과 작업실로 나뉘어 있었는데, 온갖 소도구와 그리다 만 그림으로 발 디딜 틈도 없을 지경이었다. 드가는 물건이 들어오면 치우거나 정리하지 않고 먼지가 쌓이도록 내버려두었다." 어느 날, 볼라르가 드가에게 그림을 보여주기 위해 찾아갔는데, 그림을 쌌던 꾸러미를 풀면서 자그마한 종잇조각이 떨어져 마루의 판자 이음새로 떨어졌다. 그러자 드가가 냉큼 달려와 종잇조각을 주운 뒤 볼라르에게 건네며 "조심하게! 작업실이 어지럽혀지잖나!"라고 말했다고 한다.

평온하기 그지없던 드가의 일상은 1874년 2월에 아버지가 세상을 떠나면서 균열이 가기 시작했다. 할아버지에게서 건실한 사업체를 물려받았지만, 아버지는 큰 빚을 남겨놓았다. 게다가 드가의 동생 르네가 뉴올리언스에서 운영하던 면화 유통업체도 파산했다. 돈 걱정 없이 살았던 드가였지만, 이제는 집안 경제를 감당해야 했다. 그는 돈을 벌기 위해 부지런히 그림을 그렸다. 1883년 7월과 이듬해 여름에 그가 화상 뒤랑뤼엘에게 보낸 편지를 보면 나름대로 절박했던 사정을 짐작할 수 있다.

지난번에 부탁드렸던 돈 일부라도 보내주시면 정말 고맙겠습니다. 거기에 맞춰 드려야 할 파스텔화는 아직 끝내지 못했습니다. 미리 받기가 미안하지만, 시간이 없습니다. 내일 아침까지 내야 할 청구서가 있어서요. 내일 중으로 파스텔화 두 점을 보내드리겠습니다.

하녀를 보낼 테니 돈을 건네주시길 바랍니다. 오늘 아침, 세무서에서 날아온 압류 통지서를 봤어요. 절반 이상 냈는데도 나머지를 빨리 갚으라고 협박하고 있으니 난감한 노릇입니다. 50프랑이면 충분합니다. 하지만 100프랑을 마련해줄 수 있다면 남은 돈을 적절히 쓸 수 있겠지요.

이 편지들을 보면 드가가 그림을 그리는 리듬을 짐작할 수 있다. 꽤 빨리 작업했고, 들어올 돈을 계산하며 쉴 새 없이 그림을 그렸다. 그가 발레리나를 많이 그렸던 것은 그녀들의 동작에 관심이 있기도 했지만 잘 팔렸기 때문이기도 하다. 말년의 드가는 자신이 그려서 팔았던 그림이 이리저리 되팔릴 때마다 가격이 엄청나게 뛰는 것을 목격하고 "경주마에게 돌아가는 것은 사료 포대뿐이군!"이라며 푸념했다. 어쨌든 그의 발레 그림들이 인기를 끌기 시작하면서 경제적인 어려움은 점차 과거의 일이 되었다.

한 예술가의 작품을 나이에 따라 살펴보면 흥미롭다. 반드시 그런 것은 아니지만 많은 예술가가 나이 들면 편안하고 자유로워진다. 드가가 30대에 만든 작품들은 꽉 짜인 구도에 밀도가 높은 것들이었지만 40대로 접어들면서 조금씩 경쾌해졌다.

이때부터 그는 파스텔을 즐겨 사용했다. 파스텔은 유화물감보다 다루기가 쉬웠다. 한 겹 한 겹 물감을 얹어야 하는 유화물감과 달리 파스텔은 더 빨리 작업을 끝낼 수 있었고, 일단 작품을 끝내더라도 계속 수정할 수 있었기에 그의 작업 스타일과도 잘 맞았다. 파스텔은 가루가 날리면서 마치 작품 속의 대상 또한 흩날리는 듯한 느낌을 주는데, 이것이 드가가 그림에 담은 발레리나들과 가수들의 의상과 배경에 잘 어울렸다. 덕분에 그의 그림은 화사하면서도 단순해졌다. 발레리나들을 그린 그림들은 움직임을 정확하게 포착하기보다 의상과 무대의 현란한 색채를 드러내기 위한 구실이 되었다.

늘 새로운 매체에 관심이 많았던 드가는 나이가 들었음에도 오히려 더욱 왕성한 실험 정신을 보여주었다. 당시 화가들이 사진에 거부감을 가진 것과 달리 그는 전혀 그러지 않았고 오히려 직접 사진을 찍기도 했다. 인상주의 그룹에서 판화에 가장 관심을 기울였던 그는 모노타이프로도 작업했는데, 모노타이프는 석판에 물감 묻힌 붓으로 그림을 그린 뒤 그것을 종이에 찍어내는 기법이다. 굳이 분류하면 판화 기법이지만 일반적으로 판화가 여러 점을 찍어내는 것과 달리 모노타이프는 딱 한 점만 만들 수 있다. 찍어낸다는 점에서

〈부르고뉴 풍경〉 모노타이프, 30×40cm, 오르세미술관, 파리
드가에게 모노타이프는 실험적인 도구였다. 말년의 그는 모노타이프로 작업을 시도했는데,
이 방식으로 120여 점의 작품을 제작했다. 특히 젊어서는 풍경화를 거의 그리지 않았지만, 모
노타이프를 활용해 수십 점의 풍경화를 완성했다. 그의 작품을 본 시인 스테판 말라르메는
"낯설고도 새로운 아름다움"이라고 평가했다.

는 판화이고, 유일무이하다는 점에서는 회화인 기묘한 매체이다.

모노타이프는 예술가의 붓질을 고스란히 보여준다. 드가는 이 점을 적극적으로 활용했다. 발레리나와 세탁하는 여성, 창관의 여성을 모노타이프로 찍었다. 일단 찍어낸 뒤 손가락으로 뭉개고 닦으면서 변화를 주었고, 때때로 파스텔로 덧칠했다. 풍경화도 모노타이프로 찍어내면 디테일이 뭉개지면서 기이하고 환상적인 분위기를 자아낸다. 이러한 방식을 통해 드가는 환영성과 평면성 사이의 낯선 영역을 탐색했다.

19세기의 유럽 회화는 평면적으로 변해가는 경향을 보였다. 면밀하게 입체감을 내고 사실적인 느낌을 주는 것을 당연하게 여기던 예술가들이 색채 자체의 힘을 의식하는 방향으로 나아갔다. 훗날 프랑스의 상징주의 화가 모리스 드니가 이를 간단히 정의했다. "회화는 군마나 벌거벗은 여인이 아니라 무엇보다 일정한 질서에 따라 색으로 덮인 평평한 면이다." 평면적인 회화를 향한 흐름은 인상주의에서, 그리고 다른 누구보다 마네에게서 시작되었다고 할 수 있다. 하지만 인상주의는 기본적으로 야외를 그렸던 사조이다. 풍경을 그리는 화가들은 평면적인 터치로 환영적인 공간을 구성한다는 모순에 얼마간 더 붙들려 있어야 했다.

드가는 평평한 색면이 지닌 힘을 일찍부터 의식하고 있었지만, 중년 이후로는 그림에 널찍한 색면을 자주 사용했다. 다림질하는 여성을 실루엣처럼 보이도록 그린 그의 그림도 있다. 화면 속 여성은 저편에서 들어오는 환한 빛을 받아 자신이 다루는 다리미처럼 묵직한 색채의 덩어리가 되었다. 드가가 세상을 떠난 뒤에 공개된

〈빗질〉 캔버스에 유채, 114.3×146.7cm, 1896년경, 내셔널갤러리, 런던

드가는 파리의 노동자계급을 즐겨 그렸는데, 특히 보이지 않는 곳에서 일하는 여성 노동자들에게 많은 관심을 보였다. 그는 여성들이 공들여 일하는 모습을 좋아했으며, 얼핏 별 쓸모나 보람이 없어 보이는 행위도 아름답게 여겼다. 그래서 빗질하는 여성의 모습도 여러 차례 그렸다.

〈빗질〉은 한 가지 색으로 화면 전체를 덮은 기이하고도 매력적인 작품이다. 붉은색의 힘을 한껏 보여준 이 그림을 앙리 마티스가 구입한 것은 너무도 당연한 일이었다.

이처럼 드가의 작업 방식은 리듬이 짧고 산만해 보이지만 그러면서도 꾸준하고 지속적이다. 이런 모순적인 리듬이 가능했던 까닭은 그가 어떤 과제로 자꾸 되돌아왔기 때문이다. 그에게는 지리멸렬함과 완벽주의가 공존했다. 어쩌면 이는 당연한 노릇이다. 완벽주의자는 스스로가 완벽하게 할 수 없으면 지리멸렬해진다. 드가의 이러한 성향은 주변 사람들을 여러모로 괴롭혔다. 이미 완성해서 팔거나 선물한 작품을 다시 가져가서 고쳐댔기 때문이다. 주변 사람들은 그가 방문한다고 하면 그의 그림부터 숨겼다. 그가 가져가면 언제 돌아올지 기약이 없었으니 말이다. 드가는 이렇게 가져온 그림을 작업실에 세워놓고 마음 내키는 대로 조금씩 고쳤다. 이런 식으로 몇 달을, 심지어 몇 년을 보냈다. 할 수만 있다면 끝없이 다시 그리고 만들었으리라.

하지만 드가는 알고 있었다. 이제 자신에게는 시간도 얼마 안 남았고 기력도 없다. 놓아줘야 하나 싶다가도 다시 붙들지만, 감당할 힘이 없다. 결국 자신이 무엇을 원했는지 알 수 없는 지경에 이르고 만다. 50대의 드가는 우울했고 예순 살을 넘긴 무렵부터는 자유분방함을 넘어 흐트러졌으며 점점 지리멸렬해졌다. 1900년 이후로는 화면을 통제하는 힘을 거의 잃어버렸다. 터치는 화면에 꽂히지 못하고 질질 흘러내렸다.

드가는 화가이면서도 점토나 밀랍으로 형상을 만드는 조소 작업을 꽤 했다. 그리고 1881년에 열린 여섯 번째 인상주의 전시회에 조각품 〈열네 살의 어린 발레리나〉를 출품하기도 했다. 발레리나가 고개를 쳐들고 앞으로 나아가는 모습을 밀랍으로 만든 것이었다. 작품의 모델이 된 소녀는 당시 열네 살이었고, 다른 발레리나들이 그랬듯 가족의 생계를 짊어진 처지였다. 또한 연습하고 시험 보고 공연에 참여하는 고된 나날을 보내야 했다. 삶의 무게에 짓눌리면서도 당당하고, 자신의 미래에 대한 희망과 불안이 섞인 복잡한 태도의 바탕에는 어딘지 무심하고 태평한 감정이 깔려 있다.

그때까지 조각에 흔히 기대했던 웅장함이나 관능 같은 것이 이 작품에는 전혀 없다. 그래서인지 평단과 대중의 반응은 엇갈렸다. 위스망스는 발레리나가 움직여 좌대를 떠나려는 듯하다며 경탄한 것은 물론 "조각의 혁명"이라는 표현까지 써가며 격찬했다. 드가는 이 조각에 얇은 천의 발레 의상을 입히고 토슈즈를 신기고 리본까지 달았다. 재료가 통일되어야 한다는 전제를 아무렇지도 않게 무시했고, 현실과 가상의 경계도 가볍게 뛰어넘었다. 그는 천연덕스러웠다. 하지만 작품에 대한 악평들이 쏟아지자 그 후로 화실에 두고 꺼내지 않았다.

1903년에 미국인 루이진 헤브마이어가 뒤랑뤼엘을 통해 이 작품을 사려 했지만, 드가는 응하지 않았다. 드가는 조소 작업이 동작과 균형을 연구하기 위한 습작일 뿐이기에 작업실 밖으로 내보일 것

〈열네 살의 어린 발레리나〉 1881(1922), 오르세미술관, 파리
드가가 처음이자 마지막으로 공개한 조각 작품으로, 화려한 스포트라이트 대신 발레리나가
마주한 참담한 현실과 육신의 고통을 고스란히 담고 있다. 운명의 선택 앞에서 떨면서도 짐짓
의연한 척하는 아이의 모습이 보는 이로 하여금 더욱더 큰 슬픔을 느끼게 한다.

이 아니라는 자세를 고수했다. 그런 것치고는 이미 사람들의 눈앞에 내놓았으니 앞뒤가 안 맞는다. 아마 호평이 좀 더 많았더라면 작업을 이어갔을 것이다. 헤브마이어는 여러 해가 지난 뒤 드가를 찾아갔다가 〈열네 살의 어린 발레리나〉가 구석에 방치되다시피 한 것을 보고 물러날 수밖에 없었다. 훗날 드가는 화상 볼라르에게 "청동으로 만들어두면 내가 죽은 뒤로도 영원히 남을 텐데, 그런 걸 남긴다는 것은 부담스러워"라며 털어놓기도 했다. 하지만 드가가 세상을 떠난 뒤 작은 밀랍상들은 조각가 알베르 바르톨로메의 손을 거쳐 청동상으로 주조되었다.

흔히 드가가 조각에 손을 댄 까닭이 시력이 나빠졌기 때문이라고 말한다. 그는 1870년 프로이센·프랑스전쟁이 발발하자 국민방위군에 입대했는데, 신체검사를 받는 과정에서 한쪽 눈의 시력이 매우 나쁘다는 것이 발견되어 포병대에 배속되었다. 전쟁 동안 한데서 잠을 자며 지내느라 시력은 더욱 나빠졌다. 소설가 에드몽 드 공쿠르는 동생과 함께 쓴 『공쿠르의 일기』에 드가를 "허약해 보이며 매우 예민하고 눈이 멀까 두려워한다"라고 썼는데, 이것이 1874년 2월의 기록이었다. 드가는 30대 중반에 이미 오른쪽 눈이 거의 보이지 않았고 그 때문이겠지만 사물의 중심이 흐릿하게 보였으며 밝은 빛을 견딜 수 없었다. 50대가 된 그는 "다 집어치우고 이대로 잠들어버렸으면 좋겠다"라며 낙담했고, 60대에는 시각장애인이 된다는 건 화가에게 사형선고이며 자신의 처지가 송장과 다름없다고 절망했다. 70대에 접어들 무렵에는 사물의 윤곽과 색채만 흐릿하게 볼 수 있었다. 중년부터 노년에 걸쳐 그가 토로한 우울한 감정의 바

드가가 존경하던 앵그르의 〈호메로스에 대한 경의〉(캔버스에 유채, 386×512cm, 1827, 루브르 박물관, 파리)**를 흉내 낸 사진**

그가 하필 눈먼 고대 그리스 시인 호메로스의 자리에 앉은 것은 그저 우연이었을까?

탕에는 눈 문제가 깔려 있었다.

그래서일까. 말년의 드가는 '촉각적'이었다. 어떤 작품이 마음에 들면 손으로 만지곤 했는데, 이것이 그가 보여주는 최고의 찬사였다. 그렇다고 해서 드가에게 조각이 회화를 대체한 것은 아니었다. 나이 들어서도 파스텔과 모노타이프로 꾸준히 작업했기 때문이다.

그의 동료였던 르누아르도 노년에 조각 작업을 했다. 류머티즘으로 손을 움직이는 것도 어려웠지만 조각가를 고용해서 말로 지시를 내리며 점토로 모양을 만들도록 했다. 르누아르가 조각을 시작한 데는 드가의 영향이 작용했다. 드가와 르누아르, 두 사람 모두 질서와 전통을 존중했고, 정치적으로도 보수적이었다. 르누아르는 초년에는 모네의 영향을 많이 받았지만, 나이가 들수록 드가에게 공감했다. 화상 볼라르가 르누아르와 함께 오페라광장을 지날 때 르누아르가 카르포의 조각을 가리키며 "우리 시대에는 저런 선배들과 겨룰 만큼 재능 있는 조각가가 있지만, 사람들은 그에게 작품을 의뢰하지 않을 거야"라고 했다. 볼라르는 르누아르가 로댕을 지칭하는 줄 알고 그가 〈빅토르 위고상像〉과 〈지옥문〉을 만들지 않았느냐고 반문했다. 그러자 르누아르가 "내가 언제 로댕이랬나? 오늘날 가장 위대한 조각가는 드가라고!"라며 목소리를 높였다.

사랑, 유일하게 하지 못한 것

드가는 평생 결혼하지 않고 혼자 살았다. 사람들이 왜 결혼하지 않느냐고 물으면 그는 이렇게 대답했다.

"사랑은 사랑으로, 그림은 그림으로 남는 것이고, 인간은 오직 한 가지만 사랑할 수 있을 뿐이라오." 이 말만 놓고 보면 아주 멋들어 지지만, 볼라르에게 한 말에서 그의 진심을 엿볼 수 있다. "볼라르, 어서 결혼하게. 나이 들면 알 걸세. 혼자라는 게 얼마나 끔찍한지." 그러다가 마네의 가족이 그림을 잘라버린 것에 대해서는 분개하며 볼라르에게 "절대로 결혼하지 말게"라고도 했다.

어느 날, 볼라르가 나름대로 용기를 내어 드가에게 물었다.

"그런데 선생님은 왜 결혼하지 않으십니까?"

"내게는 벅찬 일이야. 내가 그린 그림을 보고 아내가 '정말 예쁘고 앙증맞아요'라고 말하는 장면 같은 걸 나는 상상할 수도 없네."

하지만 청년 시절의 그는 그 나이대의 남성들이 흔히 그랬던 것처럼 낭만적인 연애와 결혼을 꿈꾸었던 듯하다. 이탈리아를 여행하던 중에 만난 영국인 부부를 보고, 사이 좋은 모습에 부러웠는지 "착하고 아담한 여인을 만날 수 있을까? 까다롭지 않고 조용한 사람, 나의 변덕을 이해해주고, 함께 있어도 내가 작업을 계속할 수 있는 사람이 있을까? 얼마나 그럴듯한 소망인가?"(『인상주의자 연인들』, 228쪽)라고 노트에 적기도 했다. 그러나 그는 여성에게 어떤 식으로 말을 붙이고 감정적으로 교류해야 할지 몰랐다. 그래서 여성을 고귀하게 언급하며 이상화하곤 했다.

그럼에도 드가가 여성을 싫어했다거나 마음 밑바닥에서부터 증오했다는 오해마저 따라다닌다. 하지만 그의 그림 대부분이 여성을 소재로 한다는 것에서 알 수 있듯이 그는 여성에 관심이 많았다. 커셋이 쇼핑할 때는 따라가서 모자점의 여성들을 관찰했다. 모자를 고르고 써보는 여성도 그랬지만, 비단, 새틴, 깃털, 리본으로 가득한 가게에서 바쁘게 손을 놀리며 모자를 꾸미고 손님을 접대하는 점원들도 그랬다.

자신의 일에 몰두하는 여성들이야말로 드가가 일관되게 탐구했던 주제이다. 그가 세탁하는 여성을 그린 그림들도 잘 알려져 있다. 그는 다림질하는 여성이 다리미를 힘주어 누르고 미는 모습을 효과적으로 전달하기 위해 주의를 기울였다. 그의 그림을 보다 보면 이 예술가가 여성의 노동에 줄곧 경의를 표하고 있다는 걸 알 수 있다. 무대에 서기 위해 연습하고 준비하는 발레리나들 역시 여성 노동자이고, 〈페르난도 서커스의 라라 양〉(180쪽)에서 밧줄에 매달린 곡예사도 여성 노동자이다.

오해와 다르게 드가는 주변의 여성들과 친했으며, 동료로서 그녀들을 존중했다. 그와 친했던 여성들 가운데에서도 커셋은 각별한 사람이었다. 두 사람은 1877년에 처음 만났다. 드가를 만나기 전부터 그의 그림에 매혹되어 있었던 그녀는 드가와 금방 친해졌다. 훗날 그녀는 드가와 만났던 순간을 회상하며 감회에 젖어, 그와 만나면서 자신의 삶이 바뀌었다고 했다.

드가는 커셋에게 인상주의 그룹에 합류해달라고 했고, 그녀는 1879년부터 인상주의 전시회에 네 차례 출품했다. 그녀 역시 드가와 마찬가지로 파격적이면서도 견고한 구도, 차분한 분위기, 위트와 통찰을 담은 미묘하고 세련된 예술을 추구했다. 두 사람 모두 야외에서 그리는 것을 좋아하지 않았고 햇빛보다는 인공조명을 좋아

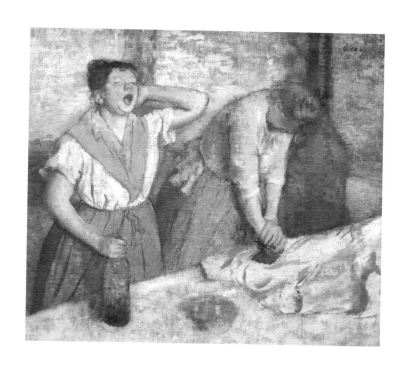

〈다림질하는 여인들〉 캔버스에 유채, 76×81.5cm, 1884~1886년경, 오르세미술관, 파리

19세기 프랑스에서는 도시에 거주하는 사람들이 늘어나는 속도에 비해 수도가 보급되는 속
도가 더디면서 빨래를 전담하는 새로운 직업이 등장했다. 드가는 1870년대 초반부터 세탁부
의 모습을 그리기 시작했는데, 훗날 졸라가 1877년에 발표한 『목로주점』의 등장인물을 묘사
할 때 드가의 그림에서 영향을 받았다고 회고하기도 했다.

메리 커셋

피츠버그의 부유한 집안에서 태어났다. 커셋의 집안에서는 그녀가 화가로 살아가기를 바라지 않았다. 하지만 그녀는 1865년에 파리로 가서 그림을 공부하기 시작했고, 1870년에 프로이센·프랑스전쟁이 일어나자 미국으로 돌아갔다가 그다음 해에 다시 파리로 건너왔다. 그 뒤 인상주의 그룹의 일원으로 활동하면서 인상주의 미술을 미국 상류층에 적극적으로 소개했다. 얄궂게도 커셋 또한 드가처럼 시력을 잃고 말년을 우울 속에 보냈다.

했다. 그녀는 드가의 작품에 늘 감탄했고, 어떤 작품이 좋은지 안 좋은지, 무엇을 해야 하는지 말아야 하는지 같은 판단을 그에게 의존했다. 커셋은 결혼을 하지도 아이를 갖지도 않았지만, 엄마와 아이가 함께 있는 그림을 많이 그렸고 이들 그림에 드가와 달리 따스한 정감을 담았다.

　두 사람이 곧잘 붙어 다녔기 때문에 사람들은 이들이 왜 사귀지 않는지 의아해했다. 커셋은 드가를 깊이 존경하고 매력을 느꼈던 터라 아마 그가 고백했다면 응했을지도 모르겠다. 어쩌면 그녀가 의사표시를 했을지도 모른다. 드가가 머뭇거리며 물러섰을 거라고 짐작해볼 수 있다. 커셋은 당당하고 직설적이었다. 그런 점에서 드가와 닮았으니 두 사람은 소울메이트가 될 수 있었을 것이다. 하지만 드가는 그녀를 연인이나 결혼 상대로 여기지 않았던 것 같다. 그에게 그녀는 존경할 만한 동료였지만 함께 살기에는 부담스러운 사람이었다. 두 사람이 서로를 어떻게 생각했는지 분명하게 알 수는 없다. 말년에 그들이 서로 주고받은 편지를 태워버렸기 때문이다. 예술에 대해, 서로의 감정에 대해 주고받았을 이들의 말이 남아 있지 않다. 어찌 되었든 편지를 태워버렸다는 사실 자체가 두 사람의 관계를 더욱 의심하게 만들어버렸다.

드레퓌스사건으로 모든 것이 달라지다

　앞서 살펴본 마네와 달리 드가는 정치에 대한 자신의 소신을 그림으로 표현하지 않았다. 나름대로 정치적 입장은 견지하고 있었지만, 이 입장을 내세울수록 그의 입지는 좁아졌다. 1894년에 일어났던 드레퓌스사건을 둘러싸고 프랑스는 혼란에 빠졌고, 그 또한 휩쓸려 허우적댔다.

우리 세대는 1789년에 일어난 시민혁명과 1968년 혁명에 대한 환상이 있다. 하지만 막상 역사의 결들을 살펴보면 엄청난 반동의 나선이 작용하고 있었다. N. 할라즈가 쓴 『드레퓌스사건과 지식인』을 지금도 간직하고 있지만, 책장을 펼쳐볼 엄두가 나지 않는다. 대학 초년 시절 내가 책장 곳곳에 갈겨 써놓은 욕설을 다시 마주할 자신이 없다.

드레퓌스사건을 이야기할 때 빼놓을 수 없는 영화 한 편이 있다. 〈빠삐용〉(1973)에서 프랑스령 기아나의 교도소에 있던 주인공 빠삐용은 여러 번의 탈옥 시도 끝에 '악마의 섬Île du Diable'으로 이송된다. 그가 바다가 보이는 언덕에 앉아 있으려니 깐깐한 인상에 어딘지 정치범 같은 분위기를 풍기는 남자가 다가와 말을 건 장면은 지금도 잊히지 않는다. "자네가 앉아 있는 자리가 뭔지 아나?" "모르겠소만?" "드레퓌스석席이야."

프랑스를 휩쓴 드레퓌스사건은 독일에 대한 공포와 강박의 표출이었다. 1894년 10월, 프랑스군 참모본부 소속 장교 드레퓌스 대위는 독일 대사관에 프랑스군의 정보를 넘겼다는 혐의로 체포되었다. 독일 대사관에 있던 프랑스 측 간첩이 쓰레기통을 뒤져서 프랑스군 쪽에서 보낸 쪽지를 찾아냈고, 이 쪽지의 필적을 대조해 드레퓌스 대위를 범인으로 지목했다. 대위가 유대인이라는 것을 알게 된 프

파리 군사학교 연병장에서 거행된 드레퓌스 대위의 강등식 장면을 그린 그림(1895)

드레퓌스사건은 19세기 프랑스 사회의 분열을 상징하는 사건이다. 뚜렷한 증거가 없었음에도 드레퓌스는 독일 대사관에 군사정보를 제공한 혐의로 종신형을 선고받았다. 당시 민족주의의 발흥으로 유럽 사회에 팽배해진 반유대주의라는 사회적 분위기가 이 같은 결과를 초래했다. 이 사건은 졸라가 《로로르》에 「나는 고발한다」를 게재하고, 자유주의를 표방하는 지식인들이 나서면서 새로운 국면을 맞이했다. 드레퓌스는 1899년에 대통령 특사로 석방되었으며, 1906년에는 최고법원에서 무죄를 선고받았다. 인상주의 예술가들은 정치적 진보를 표방했지만 드레퓌스사건에 대해서는 서로 의견이 갈렸다. 특히 반드레퓌스파로서 반유대주의를 고수했던 드가는 자신과 다른 입장이었던 동료들, 유대인 친구들과 절교했다.

랑스군 당국은 대뜸 그를 범인으로 확정했다. 그런데 언론이 이를 대서특필하면서 드레퓌스의 처벌을 요구하는 목소리가 높아지자 더는 사건을 검토할 수도 없게 되어버렸다. 뒤에 군 당국은 진짜 간첩 활동을 한 장교를 찾아냈지만, 무죄방면했다. 그러고는 불명예 제대식을 치른 드레퓌스 대위를 프랑스령 기아나의 '악마의 섬'으로 유배 보냈다.

프랑스군은 이런 식으로 사건을 덮어버리려 했지만, 참모본부 내에서 강직한 장교 한 사람이 이 처분에 의구심을 품으면서 사건은 재조명받게 되었다. 더군다나 소설가이자 비평가인 에밀 졸라가 《로로르》에 「나는 고발한다」라는 글을 발표하면서 드레퓌스를 다시 재판하고 복권해야 한다는 목소리가 높아졌다. 드레퓌스사건은 프랑스를 두 동강 냈다. 왕당파와 국가주의자와 반유대주의자들이 반드레퓌스파였고, 맞은편의 드레퓌스파는 자유주의자와 공화주의자들이었다. 역사는 이들이 서로 대등한 세력이었던 것처럼 서술하고 있지만, 실제로 당시 프랑스에서 드레퓌스파는 소수였다. 군중은 반드레퓌스파의 편에 서서 광포하게 날뛰었다.

이러한 광풍은 예술계에도 휘몰아쳤다. 국가의 위신과 권위와 질서를 중시한 드가는 군부에 대한 비판을 절대로 믿지 않았고, 군부의 발표를 전혀 의심하지 않았다. 반드레퓌스파 입장에 서서 유대인들도 적대시했다. 그는 맹목적인 신념에 사로잡혔고 그 결과는 파괴적이었다. 그의 친구나 후원자 중에는 유대인이 많았는데, 이들과 죄다 절교했다. 모네와 피사로는 드레퓌스파였다. 보수적이었던 르누아르는 드가와 마찬가지로 반드레퓌스파였다. 세잔이 반드레퓌스파였다는 것은 어떤 의미에서는 의외다. 마네는 진보적인 공화파였지만 드레퓌스사건이 있었을 때는 이 세상 사람이 아니었다. 만약 마네가 더 살아서 이 사건을 보았다면 당연히 드레퓌스파의 입장이었을 테고, 아마 드가는 마네가 자기 그림을 잘랐을 때도 하지 못했던 절교를 이때 했을 것이다.

1906년에 드레퓌스는 복권되었고, 우리가 알고 있는 것처럼 드레퓌스파는 역사의 승자가 되었다. 하지만 드레퓌스가 국가의 배신자라는 믿음을 거두지 않았던 드가가 보기에 드레퓌스파의 득세와 드레퓌스의 복권은 망조였다. 그 후 그는 못마땅한 일을 접하거나, 비위에 거슬리는 모습을 목격하면 "드레퓌스사건 이전에는 이러지 않았다니까"라고 불평하곤 했다.

이 사건이 드가의 예술에 직접적인 영향을 끼치지는 않았다. 그렇지만 예술적 견해와 정치적 견해가 빚은 모순과 충돌로서 곱씹어볼 사례라고 할 수 있지 않을까.

고독 속에서 눈을 감다

40대 내내 돈 걱정을 하며 살았던 드가는 50대로 접어들면서 경제적으로 안정을 찾아갔다. 그는 유명해졌고, 많은 사람이 그의 그림에 찬탄하며 존경을 표했다. 하지만 드가는 나이가 들수록 우울해졌다. 1884년 8월 16일에 그가 조각가 바르톨로메에게 쓴 편지에는 지나온 삶에 대한 회한이 담겨 있다.

한때는 나도 머릿속에 온갖 계획이 있었고 나 자신을 굳센 사람이
라고 여겼네만 그런 날들이 어디로 사라졌는지 모르겠네! 나는 이
제 내리막길로 접어들었네. 알록달록한 포장지 같은 조악한 파스
텔화에 둘둘 말려 짐작도 못 할 곳으로 굴러가고 있어.

이때 드가의 나이가 쉰이었다. 주변 사람들의 기록과 드가가 쓴
편지에는 나이 든 그의 한숨이 가득하다. 눈은 더 나빠졌고, 귀도 점
점 들리지 않게 되었다. 그럼에도 그는 앵그르와 들라크루아를 비
롯한 대가들의 회화와 판화, 소묘를 열심히 수집했다. 그러다 보니
현금이 부족하면 당장 마련해달라고 뒤랑뤼엘을 괴롭혔다. 정작 그
렇게 작품을 모아도 제대로 볼 수 없다는 것이 문제였지만 말이다.
사람들은 미술품 경매장에서 드가가 작품을 직접 보지도 못하면서
가격을 올려 부르는 모습을 종종 목격했다.

노년의 드가는 파리를 배회했다. 소변을 자주 봐야 했기에 오늘
날의 버스처럼 운행되었던 승합마차를 타고 다니지 못했다. 홀로
파리 여기저기를 비척거리며 돌아다녔다. 눈이 거의 보이지 않아서
때로는 경찰관의 도움을 받아 집으로 돌아왔다. 젊었을 적에는 감
각을 탐하며 도시를 집어삼킬 듯했던 그가 이제는 방향도 목적도
없이 다녔다. 오로지 돌아다니는 존재인 플라뇌르가 드가의 마지막
정체성이었다.

드가가 일흔여덟 살이었던 1912년에 그가 그때까지 살던 빅토르
마세 거리의 아파트가 철거 대상에 오르면서 이사를 해야 했다. 나
이 많은 이에게 거처를 옮기는 것은 때로 심각한 결과로 이어지기

도 한다. 그는 이후로는 더 이상 작업하지 않았다. 바깥세상에 관심도 두지 않았다. 드레퓌스사건 때와 달리 유럽이 맞닥뜨린 정치적, 예술적 격변에 대해서도 별달리 반응을 보이지 않았고, 1914년에 발발한 제1차세계대전에 대해서도 의견이 없었다.

그렇게 그는 세상과 점차 멀어진 채 지내다가 1917년 9월 27일에 폐충혈로 조용히 숨을 거두었다.

〈막이 내리고〉 판지에 파스텔, 54×74cm, 1880년경, 개인 소장
흔히 인생을 무대에 비유한다. 하지만 무대에 선 사람은 언제 막이 내릴지 알 수 없다.

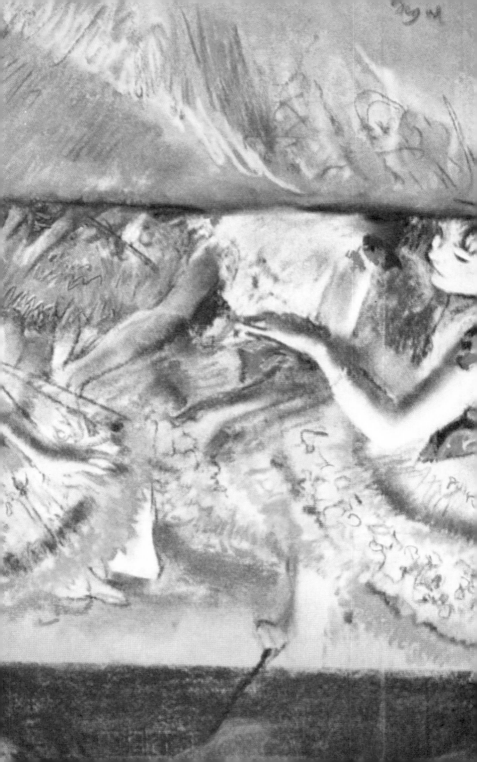

역설의 예술가

　드가에 대한 증언과 기록은 종종 상반된다. 누군가는 그의 키가 작다고 했고 또 다른 누군가는 크지도 작지도 않다고 했다. 현재 남아 있는 드가의 사진을 보면 그는 한때 친했던 모로나 마네에 비하면 조금 작았던 듯하다. 인상주의 예술가들과 친했던 아일랜드인 소설가 조지 무어는 "드가에게서는 커다란 넥타이 말고 프랑스인다운 느낌을 찾을 수 없다"라고 묘사하기도 했다.

　드가의 외척은 프랑스계 미국인이었지만 그는 미국을 자신의 나라로 여기지 않았다. 영어도 거의 못했다. 정서적으로 드가는 이탈리아와 가까웠다. 그의 집안도 이탈리아에 근거를 두고 있었으며 이탈리아 귀족과 연결되어 있었다. 그가 성질이 급하고 변덕스러웠던 것을 '지중해적 기질'이라고 평하는 사람도 있었고, 나이가 들수록 나폴리 사람처럼 보였다고도 했다.

30대 무렵의 드가

드가의 외양과 분위기는 예술가에게 기대하는 것들이 아니었다. 당대 사람들은 중년의 그를 "공증인 같은 분위기"라고 묘사했다. 드가는 프랑스인 같지 않은 프랑스인이었고, 예술가 같지 않은 예술가였다. 그를 존경한 고갱은 "드가는 예술가라고 불리기 싫어했고 그래서 정말로 예술가다웠다"라고 기록하기도 했다.

30대 후반 무렵의 드가는 친구인 로렌츠 프뢸리히에게 보내는 편지에서 루소의 『고백록』을 상기시키며 이렇게 쓰기도 했다.

10년은 족히 걸릴 일을 열심히 구상하고는 10분도 안 돼서 미련 없이 포기해버린 그때 루소는 어떤 심정이었을까?

어찌 보면 청년 시절의 드가는 산만한 타입이었다. 어떤 과제를 수행하며 탐구하는 성향이기는 했지만, 집중력이 오래가지 않았다. 그는 게으르면서도 부지런했다. 질서 잡힌 것처럼 보였지만 좀 더 들여다보면 혼란스럽고 무질서했다. 무질서 안에 복잡하고 미묘한 자신만의 질서가 있었다.

그는 기묘한 모범생이었다. 다른 예술가들처럼 모험과 곡절을 겪으며 정열과 쾌락에 몸을 내맡기지 않았다. 굳이 말하자면 금욕적인 수도자에 가까웠다. 드가는 까다롭고 성격이 고약한 사람으로 여겨졌지만, 찬찬히 따져보면 누구에게나 대체로 관대했다. 그는 예술의 세계를 구성하는 온갖 법칙과 양식에 구애받지 않았다.

드가는 주변의 남성 예술가들처럼 여성 예술가를 얕보기는커녕 대등한 동료로서 존중했다. 새로이 등장한 사진에 화가들이 적대적이었던 그 시기에도 사진에 대해 가장 개방적이었으며, 오히려 사진가들보다 앞서서 '사진적인 시각'을 제시했다. 또한 그는 가장 뛰어난 판화가였으며, 독보적으로 탁월한 조각가였다.

드가에게 모티프는 중요하지 않았다. 그는 미학적인 탁월함만을 추구했다. 이런 점 때문에 더욱 냉담해 보였으리라. 하지만 역설적으로 그는 발레리나, 세탁하는 여성들의 동작에 관심을 쏟으면서 그들의 인간적인 어려움을 담담히 드러냈다. 당시 여성들이 하루하루를 영위하기 위해 애쓰며 살아갔음을 그처럼 잘 보여준 예술가가 달리 누가 있단 말인가? 비인간적인 예술의 역설, 냉담한 화가의 역설이다.

드가는 회화의 한계, 조형예술의 한계를 깊이 의식하고 맹렬하게 도전했다. 이런 점에서 마네보다 매력적이다. 마네는 과단성과 경쾌함을 타고났지만, 자신에게 주어진 것이 무엇을 의미하는지 몰랐다. 반면 드가는 자신에게 주어진 것과 주어지지 않은 것을 철저하게 파악하고 있었다. 그는 시간의 꽁무니를 쫓지 않았다. 수많은 습작을 바탕으로 순간의 에센스를, 움직임의 에센스를, 기억의 에센스를 추출했다. 모든 것을 빼고 더는 뺄 것이 없는 상태를, 시각예술의 마지막 보루를, 회화의 바탕을 이루는 판명한 원리를 추구했다. 그렇기에 종종 좌절할 수밖에 없었지만, 그러한 긴장과 모순 위에 자신만의 세계를 구축했다.

"나는 유명하면서도 알려지지 않은 사람이 되고 싶다."

드가의 이 말은 모순된 것처럼 보인다. 이 말에서는 뒤쪽의 "알려지지 않은 사람"에 무게를 두어야 한다. 자본주의사회에서 예술가로서 생존하고 자신의 미학을 관철하려면 어느 정도의 명성은 필요하다는 의미에서 이렇게 말한 것이다.

드가가 인상주의 그룹을 이끌었던 방식도 그러했다. 인상주의 예술가들은 애초에 살롱에서 벗어나겠다며 모였지만 끊임없이 살롱을 의식하느라 결속이 위태로워졌다. '일관된 아웃사이더' 드가가 아니었더라면 파리의 인상주의 그룹은 진즉에 와해했을 것이다.

1880년에 열린 제5회 인상주의 전시회 당시 드가는 전시회 포스터를 놓고 카유보트와 다투었다. 카유보트는 포스터에 예술가들의 이름을 넣어야 한다고 했지만, 드가는 앞서와 마찬가지로 넣지 말아야 한다고 했다. 결과적으로 포스터에 예술가들의 이름이 들어갔다. 이를 두고 드가는 "왜 다들 스타가 되지 못해 안달인지 모르겠네"라며 푸념했다.

드가를 규정하는 것은 자기애의 부재, 혹은 자기애에 대한 부정, 자기애의 범주를 벗어나는 보편적인 아름다움의 가치에 대한 추구이다. 플라뇌르는 익명의 존재이다. 드가는 익명의 관찰자가 되려 했다. 가능한 한 자신의 특성을 없애려 했다. 그럴수록 플라뇌르로서 드가의 지향은 역설적으로 더욱 강렬하게 드러났다. 순간을 스쳐 가며 부질없이 명멸하는 것들을, 중심 없이 유동하는 세계를 붙잡으려는 열망이었다.

발레리는 『드가·춤·데생』에서 화가가 세상을 바라보는 방식에 대해 이렇게 썼다.

손에 연필을 쥐지 않고 하나의 사물을 보는 것과 그 사물을 그리면서 그것을 보는 것 사이에는 커다란 차이가 있다. 혹은 오히려 그것은 생각보다 훨씬 다른 두 가지 것이다. 우리 눈에 아주 익은 대상까지도 그것을 그리려 하면 완전히 다른 것이 된다.

— 『드가 · 춤 · 데생』, 56쪽

연필을 쥐고 세상을 바라본 적이 있는 사람이라면 드가를 동료로 여기지 않을 수 없을 것이다.

〈모자점에서〉 종이에 파스텔, 91×75cm, 1910, 오르세미술관, 파리
드가가 마지막까지 작업했던 작품들 가운데 하나로, 그는 적어도 1912년까지 그림을 그렸던 것으로 보인다.

드가 예술의 키워드

01 파리

파리는 서구 문화의 중심이자 수많은 이들에게 동경의 대상이다. 하지만 한 줌밖에 안 되는 파리지앵을 뺀 나머지 사람에게는 자신을 이방인으로 느끼게 하는 도시이기도 하다. 파리에서 태어나 그곳에서 세상을 떠난 드가는 19세기 중반의 오스만 대개조를 거치면서 모습을 일신한 파리가 낳았던 광휘와 소외를 절묘하게 보여주었다. 보들레르는 19세기를 과거와 완전히 다른 시대임을 강조하며 현대 도시의 현란하고도 피상적인 이미지에 매혹된 '플라뇌르'를 예술가의 표본으로 제시했는데, 당시 예술가들 가운데에서 드가가 이 이미지에 가장 잘 들어맞았다. 드가는 정서적으로 냉담하게 거리를 두면서도 대도시를 이루는 것들의 이면을 예리하게 파고들었다.

드가가 나고 자란 파리의 생조르주 거리

〈오른팔을 왼쪽으로 뻗고
무릎을 꿇은 어린 발레리나〉
종이에 목탄, 49.5×54.2㎝,
오르세미술관, 파리

02 데생

데생은 회화 작품을 위한 예비 작업으로 여겨졌고, 흔히 그림을 공부할 때 기초 단계를 구
성한다. 형태와 명암을 통해 사물을 입체적으로 묘사하는 작업을 가리키지만, 한편으로 그
림을 그리는 행위를 통칭하는 말이기도 하다. 초년에 고전주의미술에 경도되었던 드가는
앵그르의 가르침에 따라 평생토록 데생을 중시했다. 드가에게 데생은 단순히 기법이나 수
단만을 의미하는 것이 아니라 세상을 바라보는 태도와도 같은 것이었다. 한번은 드가가 마
네에게 "나도 언젠가 아카데미 회원이 될 걸세"라고 했는데, 마네가 껄껄 웃으며 "그래, 데
생으로 말이지"라고 답했다는 이야기도 있다.

03 카페

19세기의 도시에서 카페는 온갖 여흥과 열망의 장소였다. 드가는 마네를 통해 카페 게르
부아에 입성해 동시대 예술가들과 교류하며 예술을 논했고, 마침내 인상주의와 같은 새로
운 사조를 형성했다. 또한 그는 카페를 드나드는 사람들을 관찰하여 그 풍경을 냉정하게
기록했는데, 그 결과로 탄생한 것이 〈개의 노래〉 〈카페 콩세르〉 〈카페 앙바사되르〉 같은
작품들이다.

04 인상주의

관립 전람회인 살롱의 보수주의에 반발하는 젊은 예술가들이 활로를 모색하다가 1874년에 첫 전시회를 열었는데, 당시 이들에게 '인상주의'라는 이름이 부여된 것이 시초이다. 그래서 인상주의를 현대미술의 출발점이자 전위예술의 시작이라고 여기기 쉽지만, 당사자들에게는 친목회에 가까웠다. 인상주의는 시민혁명과 산업혁명을 통해 유럽이 겪은 변화의 산물로, 전원과 자연을 회화의 주제로 삼고 있지만, 인상주의 예술가들은 어디까지나 도시인들로서 도시의 부르주아를 위해 그림을 그렸다.

05 경마

19세기 중반 이래 경마는 영국을 거쳐 프랑스에서 시민의 여흥이 되었다. 마네가 드가에 앞서 경마를 그리기는 했지만, 마네에게 경마는 스쳐 지나가는 관심사였다. 1878년에 영국 출신의 미국인 사진가 마이브리지가 달리는 말의 모습을 촬영하는 데 성공했는데, 이때 드러난 말의 움직임은 그때까지 예술가들이 묘사했던 것과 전혀 다른 모습이었다. 그후로 사진가들은 인간과 동물의 움직임을 기록하는 데 주력했으며, 이는 화가들과 조각가들에게 커다란 영향을 끼쳤다. 드가 역시 말의 움직임을 신중하게 연구하고, 경마라는 주제가 지닌 조형적인 가능성을 평생에 걸쳐 탐구했다.

불로뉴 숲에서 만난 말

06 발레

19세기 중반 이래로 발레의 중심지가 프랑스에서 러시아로 옮겨 가면서, 파리에서 발레는 오페라의 부속물로 전락해버렸다. 그럼에도 발레에 매료되었던 드가는 오페라가르니에를 드나들며 발레리나들의 움직임이 만들어내는 아름다움을 화폭에 담는 데 온 힘을 다했다. 드가가 발레리노를 거의 그리지 않았기에 파리의 오페라극장에는 발레리노가 없었을 것이라고 오해를 불러일으키기도 했다.

드가가 발레를 소재로 그린 첫 번째 그림, 〈발레 '샘'에서의 피오르크 양〉
캔버스에 유채, 130.8×145.1㎝, 1867~1868년경, 브루클린박물관, 뉴욕

07 여성

가부장적인 권위 의식이 별로 없던 드가는 동시대 남성 예술가들과 달리 여성들을 동등한 동료로 대했다. 그가 연애도 결혼도 하지 않은 탓에 여성을 싫어했다는 오해를 받곤 했지만 〈국화와 여인〉〈모자점에서〉〈다림질하는 여인들〉〈빗질〉 등을 통해 알 수 있듯이 정작 그의 그림에 등장하는 인물들은 대부분 여성이다. 여성이야말로 드가의 필생의 탐구 주제였다고 할 수 있다.

08 사진

1839년에 다게르가 특허를 얻은 이후로 사진술은 여러 연구자를 통해 빠르게 발전했다. 초기의 사진은 감광에 시간이 걸렸기 때문에 움직이는 존재를 담을 수 없었지만, 얼마 지나지 않아 인간의 눈으로 볼 수 없는 동물의 움직임까지 포착할 수 있게 되었다. 예술가들은 대체로 사진에 적대적이었지만 드가는 사진을 좋아했고, 자신이 직접 주변 사람들을 모델로 사진을 찍으며 빛과 어둠의 조형적 효과를 탐색하기도 했다. 그러면서도 회화가 지닌 고유한 힘을 증명하기 위해 애썼다.

09 파스텔

파스텔은 유화물감보다 다루기 쉬우며 작업을 빨리 끝내는 데도 용이하다. 가루가 날리면서 화면 속의 대상이 흩날리는 것 같은 느낌을 주는 것도 드가가 즐겨 그렸던 발레 그림에 잘 맞았다. 드가의 경쾌한 파스텔화가 가장 유명하지만, 과거의 예술가들은 파스텔로 인물과 사물을 정교하게 묘사하곤 했다. 드가의 파스텔화가 보여주는 화려한 색채 때문에, 사람들은 그가 쓰는 재료를 궁금해했지만 정작 그가 쓴 재료는 특별할 것이 없다. 색을 과감하게 대비시켜서 효과를 얻었던 것이다.

10 판화

드가는 일찍부터 판화에 관심이 많았지만, 판화가들은 그가 종종 기법의 기본을 무시한다고 생각했다. 사실 드가는 판화의 기법을 충실히 따르지 않는 편이었다. 딱 한 점만 찍어낼 수 있는 모노타이프를 줄기차게 만들면서 여러 가지 효과를 실험하기도 했다. 그에게 판화는 표현의 영역을 넓혀주는 훌륭한 도구였다.

11 조각

역사가 기록될 무렵부터 화가들과 조각가들은 서로가 우월하다고 주장했다. 하지만 드가는 회화와 조각이라는 경계에 구애받지 않았다. 그가 조각에 관심을 두기 시작한 것은 움직임과 균형에 대한 다채로운 탐구심 때문이었다. 살롱에 〈열네 살의 어린 발레리나〉를 출품한 이후 혹평이 쏟아지자 그는 조각 작품들을 내놓지 않았다. 드가가 세상을 떠난 후에야 그의 조각품 150여 점이 공개되었는데 대부분 밀랍으로 만든 것이어서 많이 훼손된 상태였다. 이에 조각가 바르톨로메가 1921년까지 복원 작업을 거쳐 청동으로 일흔두 점을 주조했다.

오르세미술관에 전시되어 있는 드가의 조각 작품들

드가 생애의 결정적 장면

1834   7월 19일, 파리의 생조르주 거리 8번지에서 태어나다.

1845   루이르그랑에 입학하다. 이곳에서 그리스어, 라틴어, 고전, 음악, 미술 교육을 받
        으며 루아르, 발팽송, 알레비 등과 만나다.

1853   소르본대학교 법학부에 입학하나 곧 그만두고 라모트의 화실에 들어가 그림 수
        업을 받기 시작하다.

1855   에콜데보자르에 들어가다.
        여름에 리옹, 아비뇽, 론, 아를, 님, 몽펠리에 등지를 여행하다. 아비뇽에서 다비드
        의 〈젊은 바라의 죽음〉을 모사하다.

1856   르네상스의 산실 이탈리아에 가다

고전 미술을 숭상한 드가는 당시에 미술의 본산이라고 여긴 이탈리아에서 직접 옛 미술품
을 보며 연구하겠다고 결심한다. 7월에 나폴리에 도착한 뒤 그곳에서 친척들의 초상화를
그리며 지내다가, 10월에 로마로 가 빌라 메디치에 머물며 그림을 그린다. 로마를 비롯해
북부 이탈리아와 두루두루 여행하며 초기 르네상스와 전성기 르네상스 예술가들의 작품
을 모사한다.

젊은 시절 드가가 여행을 떠났던 이탈리아

1857   나폴리로 돌아와 할아버지를 모델로 한 〈일레르 드가의 초상〉을 완성하다.

1858   모로를 만나다

이탈리아 여행에서 드가는 오래도록 친하게 지내게 되
는 예술가들을 만나는데, 그중 가장 중요한 사람이 모로
이다. 모로는, 고전주의와 낭만주의를 결합한 예술을 추
구하며 역사와 신화를 주제로 삼아 신비로운 분위기의
그림을 그린 예술가이다. 두 사람은 교회와 박물관 등지
를 돌아다니며 작업하거나 캄파니아를 여행한다. 파리
로 돌아온 후에 사이가 멀어지기 전까지 드가는 한동안
모로의 영향을 받은 작품을 선보인다.

귀스타브 모로, 〈자화상〉
캔버스에 유채, 41×32cm, 1850,
귀스타브모로미술관, 파리

1858   〈벨렐리 가족〉을 그리기 시작하다.
1859   파리로 돌아오다. 돌아오는 길에 제노바에 들러 경탄하던 반 다이크의 그림을 감
         상하다.
1860   발팽송과 노르망디에 체류하면서 역사화에 많은 관심을 가지고 작업을 시작하다.
         〈소년들에게 도전하는 스파르타 소녀들〉을 그리다.

1861   경마에 관심을 기울이다

영국에서 들어온 상류계급의 취미인 경마에 관심을 가지기 시작한다. 드가는 불로뉴 숲
가까이에 있는 롱샹 경마장에 드나들며 경주를 준비하는 기수들과 말들의 모습을 캔버스
에 담아낸다. 경마는 당시 예술가들 가운데에서 제리코 정도만 그림의 소재로 삼았을 만
큼 현대적인 소재였다.

1862 마네와의 만남으로 예술 세계가 변모하다

드가는 루브르에서 벨라스케스의 〈스페인 왕
녀 마르가리타 테레사〉를 모사하던 중에 마
네와 만나 가까워지기 시작한다. 마네와의 만
남과 교류는 그의 예술을 결정적으로 바꾸어
놓는다. 그때까지 역사화에만 몰두하던 그는
당대의 일상을 주제로 삼기 시작한다.

〈에두아르 마네 초상화 습작〉
1864~1865, 33.1×23cm, 메트로폴리탄미술관, 뉴욕

1865   살롱에 〈오를레앙의 비극〉을 완성하여 출품하다. 하지만 낙선한 후 더는 역사화
를 그리지 않는다.

1868 카페 게르부아에 입성하다

1860년대부터 인상주의 화가들을 비롯
하여 젊은 예술가들이 카페 게르부아에
모여 예술을 이야기하고 장래를 모색한
다. 드가는 카페에 오래 머무르지 않았지
만, 특유의 독설과 위트로 주변 사람들에
게 깊은 인상을 남긴다. 이곳에서의 모임
이 훗날 인상주의 전시회로 이어진다.

에두아르 마네, 〈카페 게르부아에서〉 26.3×33.4cm, 1869, 워싱턴국립미술관, 워싱턴 D. C.

1869   마네와 함께 프랑스 북부 지역인 불로뉴쉬르메르와 생발레리앙코에 머무르며 초
        상화와 풍경화를 작업하다.
        이즈음에 도시의 극장, 발레 등에 관심을 두며 이를 소재로 한 그림을 그리기 시
        작하다. 그중에서도 훗날에 그린 1872년 작 〈오케스트라의 연주자들〉은 드가의
        작품들 가운데에서 과감한 구성을 선보인 것으로 평가되다.

1870   《르 프티 주르날》에 「살롱 심사 위원들에게 보내는 공개서한」이 실리다. 프로이
        센·프랑스전쟁에 참전하다.

1871   파리코뮌 시기에 메닐위베르로 피란하다.

1872   미국의 뉴올리언스로 가다. 그곳에서 〈뉴올리언스의 면화 거래소〉를 그리다.

1873   파리로 돌아오다.

1874   첫 번째 인상주의 전시회를 개최하다

살롱 중심의 체제에서 벗어나 생존을 모색하던 예술가들은 1873년에 '무명의 화가, 조각
가, 판화가 협회'를 설립하고 4월 15일부터 5월 15일까지 카퓌신 대로에 있던 사진가 나다
르의 스튜디오에서 첫 번째 전시회를 연다. 서른 명의 예술가들이 165점을 출품하는데, 이
때 드가는 〈경마장의 풍경〉〈무대 위의 발레리나〉〈뉴올리언스의 면화 거래소〉〈압생트를
마시는 사람〉 등 열 점을 선보인다.

1876   르펠레티에 거리에 있는 뒤랑뤼엘의 갤러리에서 열린 제2회 인상주의 전시회에 참
        가하다. 〈다림질하는 여인들〉〈발레 시험〉 등 스무 점가량을 내놓다.
        〈압생트를 마시는 사람〉을 완성하다.

1877   제3회 인상주의 전시회를 열다. 드가는 파스텔화를 포함한 스물세 점의 작품과
        창관, 카페의 풍속, 발레리나를 주제로 하는 모노타이프 연작을 출품하다.
        커셋과 교유하기 시작하며, 두 사람은 예술적 취향을 공유하는 동료로 평생 가깝
        게 지내다.

1879   제4회 인상주의 전시회에 참여하다.

1880   제5회 인상주의 전시회에 참가하다.

1881 조각품 〈열네 살의 어린 발레리나〉를 발표하다

여섯 번째로 열린 인상주의 전시회에 어린 발레리나를 모티프로 한 조각 작품을 선보인다. 관능적인 느낌이라고는 전혀 없는 현실적인 묘사, 조각품에 의상을 입히고 토슈즈를 신긴 발상은 현재는 놀라운 것이라 평가받지만, 당시에는 혹평이 이어졌다. 그 후로 드가는 자신의 조각 작품을 공개하지 않는다.

〈열네 살의 어린 발레리나〉

1882   그룹의 방향과 구성원을 둘러싼 갈등으로 제7회 인상주의 전시회에 불참하다.
       피갈 거리로 거처를 옮기다.
1885   늦여름을 디에프에 있는 알레비 집안의 저택에서 지내다.
1886   마지막 인상주의 전시회에 참여하다. 누드 연작 열 점을 출품하다.
1890   빅토르 마세 거리에 있는 아파트로 거처를 옮기다.
       바르톨로메와 부르고뉴를 여행하다. 이즈음부터 풍경화를 그리기 시작하다.
1892   뒤랑뤼엘의 갤러리에서 풍경화 스물여섯 점을 주제로 첫 번째 단독 전시회를 개
       최하다.
1894   드레퓌스사건에 대해 반드레퓌스파 입장을 취하다.
1895   런던에서 드가를 포함한 인상주의 화가들의 전시가 열리다.
1897   드레퓌스사건에 대한 견해 차이로 알레비 집안과 절교하다.
1898   말라르메 시집의 삽화를 그릴 뻔하지만, 출판사 사장이 드레퓌스파라는 이유로
       거절하다.
       프랑스 북부 지역인 생발레리쉬르솜에 머무르며 그의 마지막 풍경화로 알려진
       〈생발레리쉬르솜〉을 그리다.
1900   파리에서 열린 만국박람회에 유화 두 점과 파스텔화 다섯 점을 출품하다.
1911   미국의 매사추세츠주에 있는 포그미술관에서 두 번째 단독 전시회를 열다.

1912	20년 넘게 살던 빅토르 마세 거리를 떠나 클리시 대로 6번지로 이사하다. 시력이 거의 상실된 데다가 청력 또한 약해져 사실상 작품 활동을 이어나가지 못하다.
1913	이사한 뒤로 건강이 악화되면서 다른 사람과 교류하지 아니하다.
1914	많은 작품이 루브르박물관에 소장되다.
1917	9월 27일, 폐충혈로 타계하다. 이후 몽마르트르 공동묘지의 가족묘에 묻히다.

1919 조각가의 면모가 드러나다

드가가 오랫동안 은둔했기 때문에 노년에 만든 작품은 거의 알려지지 않았다. 유족이 작품을 정리하면서 그가 그때까지 알려진 것보다 실험적이고 다채로운 예술 세계를 가꾸어왔다는 것이 드러난다. 그가 습작처럼 남긴 조소 작품들을 조각가 바르톨로메가 청동으로 주조하면서 조각가로서 드가의 면모도 분명해진다.

드가의 조각들

1949	최초의 카탈로그 레존네가 출판되다.
1988~1989	프랑스, 캐나다, 미국을 순회하는 대형 회고전이 열리다.

참고 문헌

데이비드 하비, 『파리, 모더니티』, 김병화 옮김, 생각의나무, 2010.

린다 노클린, 『절단된 신체와 모더니티』, 정연심 옮김, 조형교육, 2001.

발터 베냐민, 『아케이드 프로젝트 1·2』, 조형준 옮김, 새물결, 2005.

버나드 덴버 엮음, 『가까이에서 본 인상주의 미술가』, 김숙 옮김, 시공사, 1999.

베른트 그로베, 『에드가 드가』, 엄미정 옮김, 마로니에북스, 2005.

샤를 보들레르, 『현대의 삶을 그리는 화가』, 정혜용 옮김, 은행나무, 2014.

아론 샤프, 『미술과 사진』, 문범 옮김, 미진사, 1986.

아베 요시오, 『군중 속의 예술가』, 정명희 옮김, 고려대학교출판부, 2006.

앙리 루아레트, 『드가』, 김경숙 옮김, 시공사, 1998.

앙브루아즈 볼라르, 『볼라르가 만난 파리의 예술가들』, 이세진 옮김, 현암사, 2020.

어니스트 헤밍웨이, 『헤밍웨이 단편선 1』, 김욱동 옮김, 민음사, 2013.

에드가르 드가, 『춤추는 여인』, 강주헌 옮김, 창해, 2000.

에릭 메이젤, 『보헤미안의 파리』, 노지양 옮김, 북노마드, 2008.

이연식, 『유혹하는 그림, 우키요에』, 아트북스, 2009.

자비에르 질 네레, 『에두아르 마네』, 엄미정 옮김, 마로니에북스, 2006.

장뤽 다발, 『사진예술의 역사』, 박주석 옮김, 미진사, 1999.

제임스 H. 루빈, 『인상주의』, 김석희 옮김, 한길아트, 2001.

제프리 마이어스, 『인상주의자 연인들』, 김현우 옮김, 마음산책, 2007.

존 리월드, 『인상주의의 역사』, 정진국 옮김, 까치, 2006.

폴 발레리, 『드가·춤·데생』, 김현 옮김, 열화당, 2005.

피에르 카반느, 『DEGAS』, 김화영 옮김, 열화당, 1994.

피에르 카반느 엮음, 『마르셀 뒤샹』, 정병관 옮김, 이화여자대학교출판문화원, 2002.

홍석기, 『인상주의』, 생각의나무, 2010.

Boggs, Jean Sutherland, *Degas*, Ottawa: National Gallery of Canada, 1988.

Bonnet, Jacques, *Comment regarder Degas*, Paris: Hazan; HAZAN Edition, 2012.

Goncourt, Edmond & Goncourt, Jules, *Pages from the Goncourt Journal*, New York: NYRB Classics, 2006.

Degas, Edgar, *Lettres de Degas*, Paris: Grasset, 2011.

Halévy, Daniel. *Degas Parle*, Paris: Éditions de Fallois, 1995.

Hauptman, Jodi, *Degas: A Strange New Beauty*, New York: The Museum of Modern Art, 2016.

Roberts, Keith, *Degas*, London & New York: Phaidon, 1994.

사진 크레디트

002~003 © IanDagnall Computing / Alamy Stock Photo

004 © S.Borisov / Shutterstock.com

008 © Rue des Archives / PVDE / Getty Image Korea

019, 126 © Kiev.Victor / Shutterstock.com

023, 123(아래), 127, 129, 232, 235, 240 © 이연식

027 © EQRoy / Shutterstock.com

038~039 © Pani Garmyder / Shutterstock.com

045 © PhotoFires / Shutterstock.com

062 © Velvet / Wikimedia Commons

063 © Tuul and Bruno Morandi / Alamy Stock Photo

066~067 © icestylecg / Shutterstock.com

072 © iceink / Shutterstock.com

073 © Alexandra Lande / Shutterstock.com

075, 123(위), 128, 160, 207(아래), 241 © Getty Image Korea

095 © Science History Images / Alamy Stock Photo

103 © Mike_O / Shutterstock.com

109 © Pfeiffer / Shutterstock.com

141 © Mary Evans Picture Library 2015 https://copyrighthub.org/s0/hub1/creation/maryevans/
MaryEvansPictureID/10107701 / Getty Image Korea

154 © Petr Kovalenkov / Shutterstock.com

159 © UlyssePixel / Shutterstock.com

170 © stockelements / Shutterstock.com

186 © William Morgan / Alamy Stock Photo

193 © Pictures Now / Alamy Stock Photo

196 © Artokoloro / Alamy Stock Photo

205 © David A. Barnes / Alamy Stock Photo

224 © Photo 12 / Alamy Stock Photo

230 © Celette / Wikimedia Commons

236 © Rasto SK / Shutterstock.com

클래식 클라우드 024

드가

1판 1쇄 인쇄 2020년 10월 29일
1판 1쇄 발행 2020년 11월 6일

지은이 이연식
펴낸이 김영곤
펴낸곳 아르테

문학사업본부 이사 신승철
클래식클라우드팀 팀장 이소영
책임편집 김슬기 클래식클라우드팀 임정우 오수미
영업본부장 한충희 영업 김한성 이광호 오서영
제작 이영민 권경민
디자인 박대성 일러스트 최광렬

출판등록 2000년 5월 6일 제406-2003-061호
주소 (10881) 경기도 파주시 회동길 201(문발동)
대표전화 031-955-2100 팩스 031-955-2151

ISBN 978-89-509-9264-4 04000
ISBN 978-89-509-7413-8 (세트)
아르테는 (주)북이십일의 문학·교양 브랜드입니다.

(주)북이십일 경계를 허무는 콘텐츠 리더

네이버오디오클립/팟캐스트 [클래식 클라우드 - 책보다 여행], 유튜브 [클래식클라우드]를 검색하세요.
네이버포스트 post.naver.com/classic_cloud
페이스북 www.facebook.com/21classiccloud
인스타그램 www.instagram.com/classic_cloud21
유튜브 youtube.com/c/classiccloud21